FORSCHUNGSBERICHTE DES LANDES NORDRHEIN-WESTFALEN

Nr. 3222 / Fachgruppe Wirtschafts- und Sozialwissenschaften

Herausgegeben vom Minister für Wissenschaft und Forschung

Dr. rer.soc., Dipl.Soz. Georg Ruhrmann
Dipl.Päd. Jochem Kollmer
Zentrum für Wissenschaft und Praxis
Universität Bielefeld

Ausländerberichterstattung in der Kommune

Inhaltsanalyse Bielefelder Tageszeitungen
unter Berücksichtigung 'ausländerfeindlicher'
Alltagstheorien

D1719147

Westdeutscher Verlag 1987

CIP-Titelaufnahme der Deutschen Bibliothek

Ruhrmann, Georg:
Ausländerberichterstattung in der Kommune :
Inhaltsanalyse Bielefelder Tageszeitungen
unter Berücks. "ausländerfeindl." Alltags-
theorien / von Georg Ruhrmann u. Jochem
Kollmer. -
Opladen : Westdt. Verl., 1987
  (Forschungsberichte des Landes Nordrhein-
  Westfalen ; H. 3222 : Fachgruppe Wirt-
  schafts- und Sozialwissenschaften)
  ISBN 3-531-03222-4
NE: Kollmer, Jochem:; Nordrhein-Westfalen:
  Forschungsberichte des Landes...

© 1987 by Westdeutscher Verlag GmbH, Opladen
Herstellung: Westdeutscher Verlag
Druck und buchbinderische Verarbeitung:
Lengericher Handelsdruckerei, 4540 Lengerich
Printed in Germany

ISBN 3-531-03222-4

INHALT

ABSTRACT

Die Tagespresse rekonstruiert das durch Gleichgültigkeit,
aber auch durch Vorurteile, ausländerfeindliche Alltagstheorien und/oder durch Diskriminierung geprägte Verhältnis der Inländer zu den Ausländern nach bestimmten Aktu-
alitätskriterien.

   Die Ausländerberichterstattung in Bielefeld vermittelt
ein Bild von Ausländern, das u.a. geprägt ist durch
- die Hervorhebung von Kriminalität der Ausländer
- die Betonung einer Bedrohung deutscher Ressourcen
  durch die (Anwesenheit der) Ausländer
- eine Umdefinition des Ausländer- in ein Türkenproblem
- potentielle Entscheidungs- und Handlungsunfähigkeit
  oder Passivität der Ausländer selbst im ausländerpolitischen Diskurs.
Wenn sich herausstellt, daß sich Themen der Ausländeriden-
tität, der Ressourcen, der Nationalität oder der Integration in der Presse zu Argumentationen bzw. Alltagstheorien verdichten, werden Elemente der Ausländerfeindlichkeit sichtbar: Vielfältige Formen von Abwehrreaktionen
der Inländer gegenüber einem sich abzeichnenden Wandel
ihrer Gesellschaft, der bereits schon durch die Anwesenheit, erst recht durch das Handeln der Ausländer hervor-
gerufen wird.
Presse aktualisiert Weigerungen, dem Ausländer dieselben Rechte, denselben Status einzuräumen, die die Inländer
innehaben, solange die Ausländer nicht auch die bisher gel-
tende Inländeridentität (die deutsche Kultur, Sprache, Mo-
ral usw.) angenommen haben.

ZUSAMMENFASSUNG

Ziel der vorliegenden Studie ist es, die ausländerbezogenen
Inhalte der Bielefelder Presse über einen längeren Zeitraum
zu beschreiben. Darüber hinaus soll versucht werden, ausländerfeindliche Alltagstheorien in Presseartikeln, aber
auch in Leserbriefen zu analysieren. Unter "Ausländerfeindlichkeit" wird jede Weigerung verstanden, den Ausländern in
der Bundesrepublik die inländischen Rechte einzuräumen, solange diese sich nicht an die inländischen Gepflogenheiten
angepaßt haben. Unter den Begriff Ausländerfeindlichkeit
fallen hier ebenfalls alle Meinungsäußerungen, die sich gegen die Anwesenheit der Ausländer in der Bundesrepublik
richten.

Die Analyse zeigt, daß "ausländerfeindliche" Alltagstheorien, die aus verschiedenartigsten Verknüpfungen zwischen einem erklärungsbedürftigen ausländerbezogenen Sachverhalt und
einem deutenden (in 'Schemata' organisierten) Wissensbestand
bestehen, in 17% der Nachrichten und der Kommentare der Tagespresse rekonstruiert werden können. In Leserbriefen der beiden Bielefelder Tageszeitungen und in ausländerbezogenen Leserbriefen von vier Wochenzeitschriften sind 37% der Zuschrif-
ten an die Redaktion durchsetzt mit ausländerfeindlichen Alltagstheorien.

In den beiden untersuchten Tageszeitungen hat man es häufiger auch mit nicht ausformulierten Alltagstheorien, d.h. mit
deren "Vorformen" zu tun. Sie liegen zwischen der leichten,
heilbaren Störung des Alltagswissens (Dissonanz im Wissen)
und der schweren, durch Alltagstheorien signalisierten Beschädigung des Alltagswissens. Wie die Leser auf aktuelle Inhalte zur Ausländerproblematik reagieren, indem sie z.B. ihr
Alltagswissen bestätigen, verändern oder Alltagstheorien konstruieren, hängt in entscheidendem Maße von vorhandenen Interpretationsschemata der Leser ab.

In dem vorliegenden Bericht wird anhand ausgewählter Beispiele versucht, Relevanz (wertende und inhaltliche Relevanz
und "human touch" oder "menschliches Mitgefühl") in Auslän-

derartikeln zu analysieren, um einen ersten Einblick in
die Selektion der Ausländerthemen zu erhalten.

Als wichtigste Ergebnisse der Bielefelder Studien sind
festzuhalten:
- In ca. einem Drittel aller ausländerbezogenen Artikel
des überregionalen Teils der Bielefelder Tagespresse wird
von Kriminalität berichtet.
- Im Lokalteil der Bielefelder Tageszeitungen hingegen dominieren die Themen: Status und Identität, da vor Ort stärker
wahrgenommen wird, wie die Ausländer ihren Status verändern,
wie sie an den gesellschaftlichen Institutionen partizipieren und wie sie ihre Sitten und Gebräuche bewahren oder verändern.
- Beiträge mit Identitätsthemen weisen im Vergleich zu Artikeln mit anderen Themen am häufigsten Formulierungen der Bekräftigung oder der Ermunterung auf und werden als "gute"
Nachrichten präsentiert.
- Vor allem die Auszählung der human touch-Variable zeigt,
daß die Identität der Ausländer tendenziell mit Mitgefühl,
bisweilen sogar mit Sensationalismus präsentiert wird. Der
Großteil dieser Beiträge zur kulturellen Identität besteht
aus Berichten über Ausländerfeste oder andere kulturelle Ereignisse, an denen Ausländer beteiligt waren.
- In gut der Hälfte aller Ausländerartikel (54,8%) der beiden Bielefelder Tageszeitungen und in zwei Drittel aller ausländerbezogenen Leserbriefe (67,2%) der Wochenzeitschriften
wird auf "deutsche Ressourcen" verwiesen; dabei überwiegen
in den Lokalzeitungen die ökonomischen Werte und in den Leserbriefen die ideologischen Ressourcen. Die Anwesenheit der
Ausländer in der Bundesrepublik wird demnach in der Bielefelder Lokalpresse vor allem unter dem Gesichtspunkt der
Belastung für den Wohlstand dieser Gesellschaft gesehen.
- Die ideologische Ressourcenkategorie ("kollektive Sicherheit") wird hauptsächlich in Zeitungsartikeln genannt, die
hohe Relevanzwerte besitzen. Eine starke existenzielle Relevanz ergibt sich für den Bielefelder Zeitungsleser vor
allem auch in Nachrichten und Kommentaren über das soziale

Netz, über die Arbeitsplätze und über das Sozialprodukt.
- Insgesamt rufen Artikel mit ideologischen Begründungs-
mustern im Gegensatz zu Beiträgen, in denen ökonomische
Ressourcen als Begründung angeführt werden, beim Leser
menschliches Interesse hervor.
- In der Mehrheit der Ausländerartikel mit Nationalitätennennung der beiden Bielefelder Tageszeitungen werden
die Türken am häufigsten genannt (61,1%). Sowohl im überregionalen als auch im Lokalteil der beiden Tageszeitungen
dominieren die Türken in 50,4% bzw. in 69,8% der Artikel,
obwohl ihr Anteil an der ausländischen Bevölkerung in der
Bundesrepublik nur 33,9% bzw. in Bielefeld nur 45,0% im
Untersuchungszeitraum dieser Studie betrug. Türken werden
also stark überrepräsentiert.

Während die Asiaten und die Italiener, gemessen an ihrem
Anteil, ebenfalls überdurchschnittlich genannt werden, sind
die Ausländer aus weiteren Anwerbeländern eher unterreprä-
sentiert.

In bezug auf die beiden Bielefelder Tageszeitungen kann
festgestellt werden, daß sie Türken zum bevorzugten Objekt
der Meinungsbildung machen. Die "Ausländer" sind die Türken!

Das gilt auch für die Leserbriefschreiber in den Wochenzeitschriften, die zwar seltener als die Tageszeitungen Ausländer im Zusammenhang mit ihren Nationalitäten erwähnen,
jedoch in diesen Leserbriefen noch häufiger die Türken in
Verbindung mit der Ausländerproblematik ansprechen (80,2%).

Problematisch wird es bei der Nationalitätennennung in
der Ausländerberichterstattung besonders dann, wenn, wie in
den beiden Bielefelder Tageszeitungen, wiederum die Türken
häufiger in Verbindung mit negativen Persönlichkeitsmerkmalen und Charaktereigenschaften genannt werden, während alle
anderen Nationen zusammen eher positiv dargestellt werden.
- In nicht wenigen Artikeln (17,2%) der gesamten Ausländerberichterstattung der Bielefelder Tageszeitungen wird
von abnehmender, insbesondere aber von zunehmender Gefahr
durch "Überfremdung", "Überflutung" usw. durch die Anwesenheit der Ausländer in der Bundesrepublik gesprochen. Dabei

überwiegen die Beiträge (82,7%), die von einer bestehenden oder noch zunehmenden Gefahr für die Gesellschaft der
Bundesrepublik Deutschland durch Handlungen der Ausländer
berichten.

Beide Zeitungen "malen" diese Gefahr "an die Wand" und
tragen damit dazu bei, bestehende Vorurteile über Ausländer in der deutschen Bevölkerung eher zu verstärken.

- Insbesondere über negative Bewertungen, die man als
Vorstufen von ausländerfeindlichen Alltagstheorien bezeichnen könnte, werden relevante Aspekte des Gesellschaftsbildes zur Sprache gebracht.

Ausländer selbst sind die am häufigsten negativ bewerteten Handlungsträger im politischen System der Bundesrepublik, wobei diese nicht einmal den Versuch machen bzw.
machen können, sich durch Gegenbewertungen zu wehren. In
der NEUEN WESTFÄLISCHEN sind die Ausländer in 52,1% aller
negativen Bewertungen Objekt, aber nur in 4,2% artikulie-
ren sie selbst negative Bewertungen, dagegen sind es im
WESTFALEN-BLATT 44,8% zu 12,1%. Die meisten Bewertungen
werden von den Zeitungen selbst (NW: 29,6%; WB: 36,2%) und
der (nicht institutionalisierten) Öffentlichkeit (NW: 33,8%;
WB: 25,9%) angesprochen.

Bei den positiven Bewertungen zeigt sich noch stärker
als bei den negativen, daß die Ausländer immer nur als Objekt, nicht aber als Subjekt von Bewertungen dargestellt
werden. Hier sind in 65% aller ausländerspezifischen "Bewer-
tungs"-Artikel Ausländer die Bewerteten, dagegen treten diese in keinem Artikel als Bewerter auf.

Bei den positiven Bewertungen sind es die beiden Bielefelder Zeitungen in 71,4% aller Fälle selbst, die derartige Aussagen an die Ausländer adressieren.

Solange die Presse nicht davon berichtet (bzw. berichten kann), wie sich Ausländer durch Gegenbewertungen "wehren", wirkt die Presse der negativen Einstellung der Bevölkerung gegenüber Ausländern nicht entgegen.

Diese Asymmetrie kann tendenziell Vorurteile und Alltagstheorien über die politische Kompetenz und Handlungs-

fähigkeit der Ausländer in der Bundesrepublik Deutschland nicht nur bestätigen, sondern auch verstärken. Empirische Untersuchungen über die langfristige Veränderung von Vorurteilen durch die Medien fehlen aber bisher
fast vollkommen.

KAPITELÜBERSICHT

In Kapitel 1 werden theoretische Grundlagen von "Medienwirklichkeit" und "Alltagstheorien" entwickelt. Ausländerpolitische Rahmenbedingungen in der Kommune (Bielefeld)
stehen im Mittelpunkt von Kapitel 2.

Die Stichprobe wird in Kapitel 3 erörtert; hier werden auch
einige ältere Inhaltsanalysen zur Ausländerberichterstattung kritisch diskutiert.

Die Ergebnisse der Inhaltsanalyse werden in Kapitel 4 (Ausländerthemen), Kapitel 5 (Wirkungen der Ausländerberichterstattung) und Kapitel 6 (Bewertungen an und über Ausländer)
vorstellt.

In Kapitel 7 (Resumee) werden nochmals die formulierten in-
duktiven Hypothesen zusammengestellt. Das Literaturverzeich-
nis (Kapitel 8) ist zugleich eine umfassendere Bibliogra-
phie zum Thema Ausländer und Massenmedien. Kapitel 9 ent-
hält das vollständige Erhebungsinstrument (Codierbuch).

I. THEORETISCHE BEZUGSRAHMEN UND METHODISCHES KONZEPT

1. MEDIENWIRKLICHKEIT ALS RE-KONSTRUKTION SOZIALER WIRKLICHKEIT

Das von Massenmedien erzeugte und vermittelte Alltagswissen über Ausländer (SCHÜTZ 1964a; SCHÜTZ/LUCKMANN 1979) ist ein System von (Re-)Konstruktionen verschiedener Wirklichkeiten. Konstituiert wird dieses System durch selektive Kommunikationsprozesse auf der Ebene der Medien (Kommunikatoren), der virtuellen Kommunikation (Aussagen, Wissen, Meinungen) und der reellen Kommunikation (Rezipienten).

1.1 ZUR KONSTRUKTION SOZIALER WIRKLICHKEIT

Als k o n s t r u i e r t e soziale Wirklichkeit[1] soll hier die Summe aller alltäglichen Lebensinhalte begriffen werden, die entweder unmittelbar wahrgenommen, beobachtet (MATURANA 1982; HEJL 1985) oder interessengebunden beschrieben (GARFINKEL 1973, 189), interpretiert (BERGER/LUCKMANN 1970, 21 ff.; BENNETT 1975, 27; McLEOD/CHAFFEE 1972, 80 ff.) oder erfunden werden (WATZLAWICK 1985).

Diese Konstruktionen "haben den Stellenwert einer notwendigen Bedingung für die begründeten Ansprüche der Gesellschaftsmitglieder, Entscheidungen hinsichtlich Sinn, Tatsache, Methode und ursächliche Verflechtung ungestört bewerkstelligen und kommunikativ vermitteln zu können" (GARFINKEL 1973, 190).

Mitglieder derselben Kollektivität (Inländer) können bei ihren Interaktionen, Wahrnehmungen und Entscheidungen von einem gemeinen bekannten und unbezweifelbaren Alltagswissen ausgehen. Die Handlungs- und Verhaltensgewißheit unserer Alltags-

---

1) Vgl. dazu in Anlehnung an SCHÜTZ (1971) die Betrachtung von MERTEN (1985) und ausführlicher: RUHRMANN (1986, 116 ff.). ALLEN/HATCHETT (1986, 99) sprechen im Anschluß an ADONI/ MANE (1984) von objektiver sozialer Wirklichkeit i.S. sozialer Strukturvariablen.

welt rührt aus einem Entwurf (SCHÜTZ 1974, 77 ff.), der uns
den Kontext einer Interaktion (vgl. MARKOWITZ 1986, 26 ff.)
als verständlich und sinnvoll erscheinen läßt.

1.1.1 ALLTAGSWISSEN UND SINN

Der Kern des Alltagswissens ist nach der Theorie des Symbolischen Interaktionismus[1] aus Erwartungen aufgebaut. Das impli-
ziert wechselseitige Unterstellungen von Verhaltenserwartungen
(MATTHES/SCHÜTZE 1973, 18). In diesem Sinne ist Alltagswissen
das, was sich die Gesellschaftsmitglieder unterstellen müssen,
um überhaupt interagieren zu können. Eine gemeinsame, zumindest als gemeinsam unterstellte Verständigungsbasis für die
wechselseitige Orientierung und Abstimmung der Handlungsbe-
züge (Aussagen) der Interaktanden wird vorausgesetzt. Die Verständigungsbasis hat "in der Praxis" eine gewisse Vorbewäh-
rung erfahren, wozu auch unbedingt die indirekten Konsentie-
rungen von Erwartungen (Alltagswissen) und Vorstellungen der
Rezipienten gehören, die sich hilfsweise an dem, was der media-
le Kommunikator produziert und verbreitet, orientieren. Es können dann alltagsweltliche Beschreibungen kommuniziert werden.
Sie sind definiert durch das Merkmal "bekannt in Gemeinsamkeit
mit jedem engagierten und vertrauenswürdigen Mitglied der gesellschaftlichen Kollektivität" (GARFINKEL 1973, 190). "Ausländerfeindlichkeit" ist eine solche "alltagsweltliche Beschreibung"(HOFFMANN/EVEN 1984, 12 ff.). Diese Beschreibungen oder
Konstruktionen (vgl. SCHMIDT 1985, 124) erfordern vom jeweilig anderen Kommunikanden dieselben Sinnbestimmungen (GARFIN-
KEL 1973, 191).
  Systemtheoretische, aber auch neuere wissenssoziologische
Forschungen zur Selektivität (vgl. DAVIS/BARAN 1981, 153 ff.)
gehen davon aus, daß - unabhängig (aber abgesichert) von der

---

1) Vgl. zur Übersicht den Reader von MANIS/MELTZER(1978).
   Zur Ethnomethodologie vgl. ARBEITSGRUPPE BIELEFELDER
   SOZIOLOGEN (1973) sowie WEINGARTEN/SACK/SCHENKEIN (1976).

Existenz der Medien - eine Sinnstruktur besteht (LUHMANN 1971, 39 f.; LUHMANN 1984, 92-145)[1]. Sinn ist dabei die Handlungs-relevanz, die Aktualität eines Zeichens in einer bestimmten Situation für einen bestimmten Akteur. Sinnstrukturen stellen Selektionskriterien für Selektion (vgl. MERTEN 1978, 579), d.h. für Auswahl und Verknüpfung relevanter Sinngehalte[2] bereit.

Individuen antizipieren sinnhaft geordnet mögliche Nichterfüllungen von Erwartungen (Enttäuschungen), d.h. die Nichtübereinstimmung mit Alltagswissen, dessen Kern ja aus Erwartungen aufgebaut wird.

1.1.2 ZUR ORGANISATION VON ALLTAGSWISSEN: SCHEMATA

Mit Hilfe von kulturspezifischen, typischen "Schemata" (BARTLETT 1932; CASSON 1983; GRABER 1984) steuern wir die Aufnahme von (mit unserem Alltagswissen[3] verträglichen) Informationen (vgl. GLASER 1984). Wir behalten (speichern) diese Informa-tionen und selegieren dasjenige Hintergrundwissen, welches zum Verstehen einer Aussage über Ausländer oder einer Reaktion auf ein wahrgenommenes Verhalten eines Ausländers sinnvoll oder richtig erscheint.

---

1) Vgl. dazu auch MARKOWITZ (1986, 18) mit Beispielen der In-formationsverarbeitung im Schulunterricht. Vgl. außerdem LUHMANN(1987).

2) Auf der Ebene der Medien finden wir die Funktionsweise sinn-haft geordneter "organization of stories selection" (GANS 1980, 78 ff.), auf der Ebene virtueller Kommunikation die "form of news presentation" (TUCHMAN 1979, 97) bzw. die "mirrow-image effects" (ERBRING/GOLDENBERG/MILLER 1980, 21 ff.) (auf Zeitungsseiten) und schließlich auf der Ebene der individuellen Verarbeitung von Information die Selektions-mechanismen der Erwartung, des Interesses, der Aufmerksam-keit und der Interpretation (MERTEN 1984, 67 ff.).

3) Vgl. zur Bedeutung des Alltagswissens in der Auseinander-setzung zwischen Deutschen und Ausländern (Türken) exem-plarisch HOFFMANN(1981, 12 ff.).

Ein als Schema organisiertes System von Alltagswissen[1] er-
laubt uns, die soziale Wirklichkeit wahrzunehmen oder zu interagieren, weil es uns Strukturen und Prozesse für das antizipieren läßt, was wir wahrnehmen werden oder auszuführen be-
absichtigen (BRANDER et al. 1985, 75).

Folgende Hauptfunktionen für Wahrnehmungs- und Handlungs-
schemata (vgl. TAYLOR/CROCKER 1981, 93 ff.; LANDMAN/MANIS 1983,
83 ff.; RUHRMANN 1986, 74 ff.; WOODALL 1986, 149 ff.) lassen
sich unterscheiden:

Die Selektionsfunktion: Mit Hilfe ihrer Schemata bestimmen
die Inländer, welche Informationen von bzw. über Ausländer sie
aufnehmen u n d verarbeiten (LODGE/WAHLKE 1982, 136 ff.;
GRABER 1984, 24).

Die Relevanz- und Evaluationsfunktion: Die Schemata dienen
der Organisation und Interpretation neuer Eindrücke in und
durch verschiedene"Prozesse der Relevanzbestimmung" (vgl.
RUHRMANN 1986, 45 ff.; van DIJK 1986, 126 ff.; LUCKMANN 1986)
wie

- der unwillkürlichen Aufmerksamkeit für ein unvertrautes Ereignis oder Thema (vgl. KLAPP 1978, 16; SCHÜTZ/LUCKMANN 1979,
  230 ff.),
- der bewußten Aufmerksamkeit für eine erwartete, aber noch
  unvertraute Gesamtsituation (vgl. MARKOWITZ 1979, 59;
  SCHÜTZ/LUCKMANN 1979, 233 ff.; KELLERMANN 1985, 88)[2],
- den Erwartungen (Hoffnungen, Befürchtungen) künftig (hypo-
  thetisch) relevanter Ereignisse (RUHRMANN 1986, 56),
- der Interpretation und/oder Problematisierung der wahrge-
  nommenen Ereignisse mit Hilfe von Erinnerungen, aufgrund

---

1) Sofern dieses Schema von a l l e n Gesellschaftsmitgliedern angewandt wird, wechselseitig als geltend unterstellt wird
   und diejenigen Aspekte des Alltagswissens umfaßt, durch die
   "die Gemeinsamkeit der staatlich verfaßten Gesellschaft der
   Bundesrepublik Deutschland begründet wird" (HOFFMANN/EVEN
   1984, 35), kann man vom "Gesellschaftsbild" sprechen. Zum
   "nationaldeutschen Gesellschaftsbild" aufgrund von Meinungs-
   umfragen vgl. HOFFMANN (1986, 28 ff.).

2) Mit möglichen Abschweifungen vom Hauptereignis oder Haupt-
   thema in ein relevant werdendes Neben- oder Subthema, in
   Phantasie und Fiktion (vgl. MARKOWITZ 1979, 85; MARKOWITZ
   1986, 37 ff.; RUHRMANN 1986, 37 ff.).

von Wiedererkennungen und Erfahrungen (LUCKMANN 1986, 198),
- der Formulierung (und Hierarchisierung) von Handlungszielen
und Plänen (MOLOTCH/LESTER 1974, 101; SCHÜTZ/LUCKMANN 1979,
57; RUHRMANN 1986, 57, 420).

Die Verstehensfunktion: Schemata ermöglichen dem sozialen
Akteur, auch unvollständig aufgenommene Informationen (Ge-
sprächsfetzen, Teile einer Fremdsprache, lückenhaft rezipier-
te Nachrichten) zu verstehen, indem selektiv Elemente des "se-
mantischen Wissens" (LARSEN 1985, 29)[1] zur Verarbeitung der
Information, der Ergänzung von Lücken herangezogen werden. Dabei etablieren sich notwendigerweise subjektive Bedeutungen,
Bewertungen und Weltbilder (vgl. SCHÜTZ 1964, 124; GRABER 1984,
24; BENNETT/EDELMANN 1985, 159 ff.).

Die Problemlösungsfunktion: Bei auftretenden Interpretations-
problemen im Umgang mit der Alltagswelt, in der Interaktion mit
Ausländern benutzt der Inländer ebenfalls semantisches Wissen.
Die Schemata enthalten für die zu bewältigende Situation pas-
sende Informationen über Ereignisse, Personen, Charaktermerk-
male, Orte, (Problem-)Ursachen und Folgen von (politischen)
Handlungen, gleichzeitig aber a u c h einen Satz von Regeln der Verarbeitung dieser Informationen. Man entwickelt
Routinen bei der Bewältigung von Mißverständnissen, Zweifeln
oder solchen Informationen, die das eigene Weltbild bedrohen
(vgl. BENNETT 1981, 172 ff.; FISKE/KINDER 1981; GRABER 1984,
24).

1.1.3 ZUR BESCHÄDIGUNG VON ALLTAGSWISSEN

Das in Form von Schemata organisierte System von Alltagswissen
unterscheidet sich von Kultur zu Kultur (vgl. CASSON 1983, 440

---

1) Zur Unterscheidung von "episodischem" und "semantischem"
   Wissen, vgl. auch LARSEN (1982); TULVING (1983) sowie
   ORTONY (1978).

ff.) und ist - wie SCHÜTZ (1964a, 120 ff.) feststellt - sozial
verteilt[1].

Wenn Menschen, etwa Inländer und Ausländer mit unterschied-
lichem Alltagswissen miteinander interagieren, kann eine kritische Situation entstehen. Um sich zu verständigen, müssen
sie ihr Alltagswissen in bezug auf seinen Abstraktionsgrad
(vgl. SCHÜTZ 1964a, 122; RUHRMANN 1986, 75), seiner allgemeinen Relevanz (MARKOWITZ 1982) und Flexibilität[2] für Veränderungen in Einklang bringen[3]. Da dies aufgrund kontrafakti-
scher Geltungsansprüche in- und ausländischen Alltagswissens
(insbesondere der Türken) nicht möglich ist, kommt es zumindest partiell zu einer "falschen" Abstraktion, zu inkongruen-
ten Relevanzhorizonten und zur blockierten "Instantiation"
von Schemata (vgl. RUHRMANN 1986, 77 ff.) bei der Wahrnehmung
und der Konstruktion von Wirklichkeit. Eigenes Alltagswissen
(hier: der Inländer) wird beschädigt.

Wir gehen davon aus, daß zwischen der leichten, heilbaren
Störung des Alltagswissens bzw. Dissonanz im Wissen und der
schweren (durch Alltagstheorien signalisierten) Beschädigung
des Alltagswissens "Zwischenstadien" liegen. Sie zeichnen sich
dadurch aus, daß trotz kognitiver Dissonanzen[4] potentiell Konsens über die Regeln und Mechanismen (d.h. die Schemata) be-

---

1) Diese Verteilung ist u.a. beeinflußt:
   - durch das politische Interesse der Bürger resp. der Brei-
   te und Tiefe ihrer Informationsverarbeitung (vgl. LODGE/
   WAHLKE 1982, 136 ff.),
   - durch gruppenspezifische Einstellungen und "fantasy types"
   (vgl. BORMANN, 1985, 132),
   - Alter und Geschlecht und
   - Schulbildung, Intelligenz, Berufsausbildung und sozialen
   Status (FISKE/KINDER 1981, 171 ff.; GLASER 1984, 99; LAND-
   MAN/MANIS 1983, 110 f.; GRABER 1984, 191).
2) Zur "Instantiation" von Schemata u.a. durch Relevanzprozes-
   se vgl. SCHMIDT/SHERMAN (1984, 17); RUHRMANN (1986, 77 ff.).
3) Vgl. dazu GARFINKEL 1973, 193; HOFFMANN 1981, 16.
4) Vgl. zum Konzept der kognitiven Dissonanz FESTINGER (1957);
   sowie zur weiteren Diskussion dieses Konzeptes ABELSON et
   al. (1968). Zu gesellschaftstheoretischen Aspekten vgl.
   ELSTER (1987, 212 ff.).

steht, die bei der (reinterpretierenden) Verständigung eingesetzt werden können[1].

"Es fallen dann zwar die Situationsdefinitionen der Handlungsebene auseinander, doch besteht Übereinstimmung über die Definition derjenigen Situation, die zur Herstellung einer gemeinsamen Definition der Situation auf der Handlungsebene vorübergehend eingenommen wird. Wo jedoch dieser Konsens nicht gege-
ben ist, da können geringfügige Beschädigungen des Alltagswissens dazu führen, daß die Interaktion dauerhaft gestört
wird und das Alltagswissen in eine Krise gerät" (HOFFMANN 1981,
17).

Es ist für die Interaktanden nicht mehr möglich, den eingetre-
tenen Bruch von bisher selbstverständlicher Realität reflexiv
in eine Revalidierung ihrer Realitäten umzuwandeln (vgl. GAR-
FINKEL 1967, 58; GARFINKEL 1973, 193 ff. Der reflexive Gebrauch
des Alltagswissens wird fragil, die bisherige Alltagswirklich-
keit wird verändert, zerstört und/oder durch eine neue Wirklichkeit ausgetauscht (MEHAN/WOOD 1976, 53 ff.).

   Die Unzufriedenheit mit, die Gefährdung durch die Instabi-
lität der jetzt vollzogenen Wahrnehmungen und Wirklichkeits-
konstruktionen, die zur ungewissen Struktur nicht nur des individuellen, sondern - im Umgang mit Ausländern - auch gesellschaftlichen Selbstverständnisses beitragen, führt zu theore-
tisierenden Aufarbeitungsstrategien: Man versucht, neue Wahr-
heiten zu schöpfen oder die eigene Handlungspraxis ideolo-
gisch zu verzerren[2]: Durch Interpretationsschemata[3] oder Alltagstheorien d.h. "retrospektive Umdeutungen von (problemati-
schen) Interaktionsgeschichten" (MATTHES/SCHÜTZE 1973, 36).

---

1) Vgl. zu einigen Beispielen GARFINKEL (1973, 202 ff.); aus-
   führlich aus der Sicht der Rahmentheorie: GOFFMAN (1977,
   52 ff.) (Moduln und Modulationen). Aus der Sozialpsychia-
   trie bzw. Sozialpsychologie vgl. statt anderer: LAING/
   PHILIPSON/LEE (1971, 44 ff.); DOBRICK (1984, 58 ff.; 100 ff.,
   160 ff.) (Mutual Knowledge).

2) Vgl. zu "Bausteinen ideologischer 'Wirklichkeiten'" WATZLA-
   WICK 1981, 192 ff.; zur funktionalen Unentbehrlichkeit von
   Ideologien LUHMANN (1974, 54 ff.); LUHMANN (1984, 633 f.);
   LUHMANN (1986, 233).

3) Vgl. SCHÜTZ/LUCKMANN (1984, 204 ff.); ZIMMERMANN/POLLNER
   (1976, 75, 77 f.); WIEDER/ZIMMERMANN (1976, 117); POLLNER
   (1976, 296, 301 ff.). Aus entwicklungspsychologischer Perspektive am Beispiel des Abtreibungsdilemmas für Frauen
   vgl. statt anderer GILLIGAN (1982).

Diese liegen immer schon in artikulierbaren alltagsweltlichen
Wissensbeständen einer Gesellschaft vor. Etwa in Schemadimensionen von:

- Vorstellungen und Äußerungen über die zeitliche Dimension
  von Situationen (HASTIE 1981; BROWN/KULIK 1982; LUHMANN 1984,
  70 ff.; MARKOWITZ 1986, 194 ff.),
- Vorstellungen und Aussagen über Ursache und Wirkung von Ereignissen (TAYLOR/CROCKER 1981; LUHMANN 1982, 41 ff.;
  GRABER 1984, 155 ff.)
- Personalisierungen bei der Interpretation sozialer Wirklich-
  keit (OSTROM/PRYOR/SIMPSON 1981; MARKUS 1977; GRABER 1984,
  159 ff.),
- Werturteilen über institutionelle Aktivitäten, Verhaltens-
  normen (GRABER 1984, 166 f.; LUHMANN 1984, 436 ff.),
- Bezügen auf die kulturellen Normen (der Deutschen) (HOFFMANN
  1986, 37 ff.; LUHMANN 1984, 436 f.; LUHMANN 1986a, 145 ff.;
  LUCKMANN 1986, 196 ff.),
- Systemen persönlicher Relevanz und Empathie (vgl. PETTY/
  CACIOPPO 1986, 152 ff.; 165 ff.; RUHRMANN 1986, 97).

Diese Dimensionen können - kombiniert verwendet - vom Inländer
bei der kognitiven und emotionalen Bewältigung von seinem Alltagswissen widersprechenden oder widersinnig erscheinenden
Informationen eingesetzt werden. Es handelt sich um "Heilung" eines beschädigten und/oder Wiederherstellung eines revidierten in-
takten Alltagswissen in 'frühen' Stadien der Informationsverarbeitung. Diese Restrukturierungen des Alltagswissens werden
nicht verbalisiert[1].

---

1) Zu Versuchen aus paralinguistischen Merkmalen gesprochener
   Sprache auf persönliche Merkmale des Sprechenden und Regeln seiner Rekonstruktion sozialer Wirklichkeit zurück-
   zuschließen vgl.RUHRMANN (1986,212 ff., 301 ff.). Zu experi-
   mentellen Befunden vgl. KEGEL/ARNHOLD/DAHLMEIER (1985,
   5 ff.) (Aufmerksamkeitsverläufe).

1.1.4 ALLTAGSTHEORIEN

Alltagstheorien[1] oder "praktische Theorien" (MATTHES/SCHÜTZE
1973) sind verbalisierte Argumentationen[2], die die zerbroche-
nen oder verletzten Inhalte der (subjektiven) Alltagswelt mit
Hilfe eines (noch) selbstverständlichen, geltenden Systems
von Alltagswissen, d.h. über induzierte Schemata reaktivieren
und in neue Kontexte einbringen.
Alltagstheorien bestehen aus:

a) Thematisierung von Erklärungsbedarf ohne Geltung durch Alltagswissen. Die vorhandenen Brüche und Lücken im Alltagswissen können durch vorhandene oder rekombinierte Schemadimensionen nicht geschlossen werden.

b) geltenden Deutungssystemen in Form bekannter und etablier-
   ter Schemadimensionen,

c) der 'logischen' Verknüpfung zwischen a) und b), über die
   die Geltung auf den deutungsbedürftigen Sachverhalt über-
   geht[3]. "Stilistisch sind derartige Alltagstheorien daran
   erkennbar, daß der fortschreitende Fluß der Erzählung oder
   Erörterung unterbrochen und eine rückweisende Deutung ein-
   geschoben wird" (HOFFMANN 1981, 27)[4].

---

1) Vgl. auch in verschiedenen Kontexten die Arbeiten von GOFF-
   MAN (1967; GOFFMAN (1973); GOFFMAN (1977).

2) Versteht man ausländerfeindliche Äußerungen derart als argu-
   mentative Reaktivierung von Inhalten des Gesellschaftsbildes, die insbesondere durch die neue Qualität der Anwesenheit der Ausländer in unserer Gesellschaft verletzt werden,
   dann kann man davon ausgehen, daß sie einerseits eine negative Einschätzung von ausländerbezogenen Fakten, die oft
   mit der Forderung nach Korrektur dieser Fakten verbunden
   sind, und andererseits einen Rekurs auf bestimmte Inhalte
   des Gesellschaftsbildes enthalten, die diese Einschätzungen
   und Forderungen argumentativ stützen sollen und deren allge-
   meine gesellschaftliche Anerkennung die Sprecher unterstellen. Derartige Argumentationsfiguren bezeichnen wir als
   ausländerfeindliche Alltagstheorien.

3) Ähnlich argumentiert KLEIN (1980, 19).

4) Die Erforschung von Formen und Funktionen argumentativer
   Handlungen und ihrer alltagsrhetorischen Aktualisierung
   steht noch in den Anfängen (vgl. HENNE/REHBOCK 1982, 259).
   Aus der Erzählforschung siehe dazu: REHBEIN (1980, 70 ff.);
   BLIESNER (1980, 152); BUDE (1985); FISHER (1985); LUCAITES/
   CONDIT (1985); MATTHES (1985); GERHARDT (1985); SCHÜTZE (1976
   u.1976a);SCHÜTZE (1977); SCHÜTZE (1984); KALLMEYER/SCHÜTZE
   (1976); RUHRMANN (1986, 134 ff.; SOEFFNER (1986, 317 ff.);
   HAHN (1987, 13 ff.).

Die Alltagstheorien können sichtbar werden in Formeln und Re-
densarten, durch die ein konkreter Sachverhalt unter eine ge-
nerelle Wahrheit bzw. die genannten Schemadimensionen subsumiert werden.

1.1.5 AUSLÄNDERFEINDLICHE ALLTAGSTHEORIEN

"Ausländerfeindlichkeit" entsteht aus dem Bestreben, die
durch die Ausländeranwesenheit bedingten Veränderungen der
bundesrepublikanischen Gesellschaft, den sich abzeichnenden
gesellschaftlichen Wandel zu verhindern.

"Ausländerfeindlichkeit ist daher der Versuch, eine gesellschaftliche Krise im konservativen Sinn zu entscheiden. Da
diese Option nicht von allen Gesellschaftsmitgliedern ge-
teilt, sondern ebenso auch der Standpunkt vertreten wird,
daß dem gesellschaftlichen Wandel durch eine Revision des
Gesellschaftsbildes Rechnung zu tragen ist, entsteht um die
Überwindung der Krise eine gesellschaftliche Kontroverse"
(HOFFMANN/EVEN 1984, 155).

Ein hoher Aufwand an Argumenten entsteht,mittels derer entschieden werden soll, ob und warum man nun letztlich das Gesellschaftsbild der Anwesenheit der Ausländer anpassen soll
oder nicht. Die Funktion der ausländerfeindlichen Alltags-
theorie ist es, eine angegriffene und verletzte Selbstver-
ständlichkeit im Alltagswissen der deutschen Inländer zu heilen, neue Orientierungen und Vergewisserungen im Handeln zu
erzeugen.
    Ein Schwerpunkt dieser Studie ist es, alle Meinungsäuße-
rungen (vor allem in Leserbriefen), die sich argumentativ gegen die Ausländer in unserer Gesellschaft richten und deren
Gesellschaftsstatus restriktiv festlegen wollen, auf ihre
Strukturmuster hin zu untersuchen. Wir gehen dabei davon aus,
daß diese Meinungsäußerungen stets den Widerspruch zwischen
bestimmten ausländerbezogenen Wahrnehmungen und dem Gesellschaftsbild des Schreibenden zum Ausdruck bringen. Ausländerfeindlichkeit wird dabei definiert als Entscheidung, den ge-

nannten Widerspruch durch Aktivierung bestimmter Inhalte des
Gesellschaftsbildes restaurativ zu überwinden[1].

Auch die ausformulierten Alltagstheorien sind sozial verteilt mit der unterschiedlichen (von Hintergrundwissen, Sprache, Bildung und Interessen abhängige) Verfügbarkeit von ge-
eigneten Alltagstheorien kann man erklären, daß nur ein
Teil der Bevölkerung sich manifest ausländerfeindlich äußert[2].

1.2 ZUR REKONSTRUKTION SOZIALER WIRKLICHKEIT

Re-konstruierte soziale Wirklichkeit[3] kommt vor allem durch
redaktionell organisierte Selektion bereits konstruierter sozialer Wirklichkeit (Wahrnehmungen, Ereignisse und Handlungen)
zustande. Was Kommunikatoren nach bestimmten (Nachrichten-)Fak-
toren (SCHULZ 1976) selegieren, nach bestimmten Rezeptions-
und Konstruktionsregeln produzieren und als Nachricht und/oder
Kommentar verbreiten bzw. verkaufen (vgl. ALTHEIDE 1976;
TUCHMAN 1978), wird zunehmend als d i e (symbolische) Wirklichkeit für Rezipienten[4] relevant (vgl. SCHÜTZ, 1964b;

---

1) Eine vergleichsweise gründliche sozialpsychologische Studie
   von Bürger-Briefen an die Bundesregierung über "Ablehnung
   bzw. Hilfe gegenüber Ausländern" hat GUSKI (1986) vorgelegt.

2) Vgl. INSTITUT FÜR DEMOSKOPIE ALLENSBACH: "Zwischen Toleranz
   und Besorgtheit, Einstellungen der deutschen Bevölkerung zu
   aktuellen Problemen der Ausländerpolitik. Allensbach am
   7.10.1985.

3) ALLEN/HATCHETT (1986, 103) sprechen von symbolischer sozialer Wirklichkeit, vgl. auch ELDER/COBB (1983, 65 ff.

4) Seine Rekonstruktion einzelner Meldungen und Kommentare ist
   nur möglich durch eine Verknüpfung der vom Kommunikator
   festgelegten Aktualität des Ereignisses mit kognitiv und
   affektiv strukturierten Relevanzsystemen des Alltagswissens bei der Rezeption (vgl. RUHRMANN 1986, 32 ff.).
   Zum (Re-)Konstruktivismus für die Soziologie vgl. auch
   HEJL (1985) sowie SCHMIDT (1987, 48 ff.).

TUCHMAN 1978; ROBINSON/LEVY 1986). Die Empfänger der Ausländermeldung können unterstellen, daß das, was sie selbst erfahren, auch andere erfahren. Sie nehmen nicht wahr, daß ein bestimmter Interaktionspartner wahrnimmt (vgl. SCHÜTZ 1964a, 94), sondern daß "man" wahrnimmt[1]. Die Mitwisser bleiben unbekannt und die Identität des Gewußten ist unüberprüfbar, kann aber unterstellt werden. Diese diffusen Kommunikationswirkungen der medial vermittelten Kommunikation, die eine Sozialisation wechselnder Wissensbestände über Ausländer oder Ausländerfeindlichkeit ermöglicht, ist auch dafür verantwortlich, daß sich die Zone "der gemeinsamen wesentlichen" (über Interaktion vermittelten) "Relevanzen" verringert und "die Zone der auferlegten Relevanzen um so mehr wächst" (SCHÜTZ 1972, 95). Es soll versucht werden, die "auferlegten Relevanzen" (SCHÜTZ/ LUCKMANN 1979, 230 ff.) von Ausländerinhalten inhaltsanalytisch zu ermitteln.

Die Unterstellbarkeit des Wissens ermöglicht zugleich die Artikulation von Meinungen über Ausländer. Ausländerpolitische Meinungen (Metaaussagen) von Meinungen (Metameinung) können selbst wieder als ausländerbezogene Aussage der Zeitung thematisiert werden: Durch diese Existenz des Wissens und Meinens vom Wissen und Meinen anderer wird ein virtuelles Sozialsystem gebildet[2]. Durch seine fiktive Ausrichtung kann es unauffällig aber schnell Bestände der "Ausländerfeindlichkeit" aufbauen und modifizieren oder verschwinden lassen. In zeitgenössischen Gesellschaften kommt das virtuelle Kommunikationssystem i.S. sozialer Kontrolle voll zur Geltung. Dieser Aspekt sozialer Kontrolle wird auch bei neueren Arbeiten im migrationssoziologischen Kontext hervorgehoben (GÖKKTÜRK 1981, 65 f.,

---

1) Zur Frage sozialer Reflexivität vgl. MERTEN (1977, 148); MERTEN (1978).

2) Vgl. zum Begriff der virtuellen Kommunikation auch HABERMAS (1981, 267 ff.); MERTEN (1983). Zur Ausbildung diffuser und grober Konsensbestände durch wechselseitige Ausrichtung an fiktive Strukturen vgl. bereits SCHÜTZ (1964, 94).

69; HOFSTETTER/LOVEMAN 1982, 298 ff.)[1]. Wissensbestände und darauf gerichtete Meinungen werden massenhaft angepaßt. HUGHES (1940, 149) weist bereits nach, daß es die Medien sind, die jene ("ausländerfeindlich" relevanten) "Wir-Gefühle" erzeugen.

1.2.1 AKTUALITÄT UND RELEVANZ DER BERICHTERSTATTUNG

Faßt man Aktualität eines Ereignisses als die Aufmerksamkeit, die diesem Ereignis zugewendet wird, gilt, daß die Aktualität eines Ereignisses mit dem Informationswert (Überraschung) und der Relevanz des Ereignisses wächst (MERTEN 1973, 219).

Aufmerksamkeit erzielt ein Inhalt, wenn er formal durch Auffälligkeit (z.B. farbliche Hervorhebung) und inhaltlich durch einen gewissen Grad an Überraschung gekennzeichnet ist. Sie kann durch die Plazierung der Information über Ausländer im Artikel (HVISTENDAHL 1979,863 f.; van DIJK 1986c, 5 ff.) gefördert werden[2]. Relevanz manifestiert sich als Beziehung zwischen Werten, Wissen und Interessen des Rezipienten und dem im Inhalt mitgeteilten Ereignis (vgl. ELDER/COBB 1983; MERTEN 1985; RUHRMANN 1986).

Relevanz ist eine schwierig zu fassende, in sich mehrdimensional strukturierte Variable, die abhängt von:

---

1) Empirische Forschungsarbeiten in den USA (besonders Inhaltsanalysen) belegen diesen Sachverhalt vielfältig (vgl. JEFFERS/HUR 1979, 116 ff.; WHITE 1979, 59 ff.; CHAUDHARY 1980, 636 ff.; REID/BERGH 1980, 485 ff.; SUNOO/TROTTER/AAMES 1980, 330 ff.; sowie SEGGAR/HAFEN/HANNONEN-GLADDEN 1981, 277 ff.).
Vgl. ferner: van DIJK (1986); GREENBERG/MAZINGO (1976); HUSBAND/CHOUHAN (1983); OEPEN (1984); SEIDEL (1986); MURAY (1986); WILSON/GUITERREZ (1985); MERTEN/RUHRMANN (1986, 24 ff.); HUJANEN (1986, 22 ff.); HARZIG/HOERDER (1985); HOERDER/HARZIG (1986); NEUMANN/HEYNEN (1985).

2) "Measurment and Effects of Attention to Media News" beschreiben empirisch CHAFFEE u. SCHLEUDER (1986, 76 ff.).

- der Zahl der Betroffenen (STRASSNER 1982, 73),
- dem Grad der Betroffenheit (vgl. McLEAN/PINNA 1958),
- der räumlichen Distanz zwischen Ereignis und Rezipient
  (vgl. COHEN et al. 1977, 32; ELDER/COBB 1983, 68),
- der kulturellen Distanz zwischen Ereignis und Rezipient
  (vgl. GALTUNG/RUGE 1965; ELDER/COBB 1983, 68 f.),
- der politischen Distanz zwischen Region des Ereignisses
  und Region des Rezipienten (vgl. SANDE 1971),
- der Konflikthaftigkeit (vgl. ADONI et al. 1984),
- der Bewertung des Ereignisses (vgl. van DIJK 1986a;
  WEINBERGER et al. 1984),
- der Nennung von Prominenz als pauschalen Indikator für
  Wichtigkeit (vgl. GRABER 1984; BOCK 1984),
- der Wahrscheinlichkeit und dem Umfang von Folgen, die ein
  Ereignis auslöst (vgl. BROWN/KULIK 1982; van DIJK 1985).

Relevanz ist aber nicht nur ein Oberbegriff für verschiedene
inhaltliche Dimensionen einer Nachricht, sondern zugleich Inhalt und Selektionsinstanz des Alltagswissens des Zeitungs-
lesers. Dieser Relevanzprozeß als Interaktion kognitiver und
emotionaler Bewertungen verbindet die Prozesse der Aufmerksamkeit, Aufnahme, Verarbeitung und Verstehen des Gelesenen
(vgl. RUHRMANN 1986, 62 ff.) miteinander.

1.2.2 AUSLÄNDERFEINDLICHE ALLTAGSTHEORIEN IN DER BERICHTERSTATTUNG

Alltagstheorien werden in den Medien als Aussage nur sichtbar wenn sie von organisierten Kommunikatoren formuliert
werden und den reaktionsinternen Selektionsprozeß vollständig und unbeschadet überstehen (vgl. GANS 1979, 117; WHITNEY/
BECKER 1982, 60 ff.; McQUALL 1983, 111 ff.).

Wir gehen allerdings zunächst davon aus, daß die unter dem
beschriebenen Selektionsdruck publizierten ("ausländerfeindlichen") Aussagen oder Themen[1] dann wirksam werden, wenn sie

---

1) Zur ideologischen Orientierung und Vorurteilen in der Ausländerberichterstattung vgl. MERTEN/RUHRMANN et al.
   (1986, 27 f., 110 ff.).

von hoher Relevanz für die Rezipienten sind. Aussagen über
Ausländer werden bevorzugt dann rezipiert, wenn die Alltags-
orientierung der Leser wertend, gruppenbetont, existenziell
und sensationell bestätigen. Wenn darüber hinaus Artikelinhalte, d.h. Nationalitäten, Persönlichkeitsmerkmale, Probleme der Ausländer,Ursachen der Ausländerproblematik mit Aussagen über "deutsche Ressourcen" logisch verknüpft werden,
beschreiben wir diese Strukturen prinzipiell als "ausländerfeindlich": Entweder wird der erklärungsbedürftige Sachverhalt
einer bestimmten Ressourcendimension beispielsweise mit Hilfe
von Charaktermerkmalen oder Ausländerproblemen gedeutet oder
umgekehrt, die Motive der Deutschen (Ursache der Ausländerproblematik) mit der Übervölkerung oder gar mit der Überfrem-
dungsfurcht begründet.   Auch wenn ausländerbezogene Fakten
mit ausländerbezogenen Inhalten, mit abgeleiteten Deutungen
(vgl.Anhang: VAR 23ff) aus dem Gesellschaftsbild logisch zu
Alltagstheorien verknüpft werden, bezeichnen wir diese Strukturen prinzipiell als "ausländerfeindlich"[1].

Reichhaltiges Anschauungsmaterial für "ausländerfeindliche" Alltagstheorien bieten Leserbriefe (vgl. HOFFMANN 1982;
GUSKI 1986)[2]. Einige Leserbriefstudien, die in den Verei-

---

1) Vgl. zur Wechselwirkung zwischen Gesellschaftsbild und ma-
   nifester Ausländerfeindlichkeit in der Ausländerberichterstattung vorläufige Bemerkungen von HOFFMANN/EVEN (1983,
   155 f.)

2) Andererseits bereiten die Interpretationen von (ausländerbezogenen) Leserbriefen Schwierigkeiten (vgl. GUSKI 1986,
   72 ff.):
   - man weiß nicht genau, mit welchen Absichten die Leser-
     briefe geschrieben werden;
   - man vermutet, daß die Leserbriefautoren bestimmte Merkma-
     le haben, die sie von der Gesamtbevölkerung erheblich un-
     terscheiden;
   - Leserbriefe sind bisweilen für eine detailliertere Inhalts-
     analyse zu kurz;
   - eine systematische Sammlung aller für die Fragestellung
     relevanten Leserbriefe ist extrem schwierig.
   Zu exzentrischen Motiven beim Leserbrief-Schreiben: BUEKL
   (1975). Zur "Überdruckventil"-Funktion: FOSTER/FRIEDRICH
   (1937). Zum emotionalen und kämpferischen Inhalt der Briefe:
   FORSYTHE (1950). Die Leserbriefspalte als Forum der "Ent-
   täuschten" untersuchen DAVIS/RARICK (1964). Gegen die "Überdruckventil"-Hypothese zu Gunsten eines eher instrumentellen
   Modells vgl. LANDER (1972); CRYNS (1975); HILL (1981).

nigten Staaten durchgeführt wurden, haben gezeigt,
daß 75 % der Leserbriefe über Minoritätenprobleme auch tatsächlich in einer Tageszeitung veröffentlicht werden. Minori-
tätenthemen werden im Vergleich zu anderen Themen nicht benachteiligt (vgl. RENFRO 1979, 822, 825)[1]

----

1) Bei der Erforschung von Leserbriefschreibern aus der Selek-
   tionsperspektive der virtuellen Kommunikation stellt sich
   heraus, daß "the writers to the non-daily press have an
   relatively free hand as to the style and tone of their
   letters" (SINGLETARY/COWLING 1979, 166). Die Leser nehmen
   in 6o % der Fälle an, daß ihre Leserbriefe auch veröffentlicht würden, obwohl tatsächlich 84 % aller eingehenden
   Leserbriefe veröffentlicht werden (vgl. SINGLETARY/CAWLING
   (1979, 177)).
   Allerdings zeigt eine andere Leserbriefstudie von
   11 Zeitungen einige Gründe (Herausgeberpolitik, Informa-
   tionsanspruch der Leserbriefautoren) auf, warum "mobili-
   sierende Informationen" in Leserbriefen scheitern bzw.
   solche Leserbriefe nicht bzw. seltener zum Abdruck kommen.
   Unter "mobilisierenden" Informationen verstehen die Autoren "identifikatorische" (symbolische), "taktische" (ope-
   rative) und "ortsgebundene" Hinweise und Informationen. Die
   Übertragbarkeit dieser Ergebnisse auf den Ausländer- und
   Migrationskontext ist zumindest plausibel. Vgl. die wich-
   tigen Hinweise zu recht unterschiedlichen demographischen
   Merkmalen von akzeptierten und zurückgewiesenen Leserbriefautoren bei LEMERT/LARKIN (1979, 505, 511) sowie bei GUSKI
   (1986, 76 ff.) mit ausführlicheren Verweisen und Schil-
   derung der deutschen Problematik.

1.3 FUNKTIONEN DER PRESSE UND AUSLÄNDERBERICHTERSTATTUNG

Eine traditionelle und dominante politische Norm besagt, daß
Zeitungen frei und unabhängig sein sollten. Ihr Selbst-Image
sollte potentiell immer in Opposition zur herrschenden Politik
stehen.[1] Im ausländerpolitischen Kontext ist man geneigt, nicht
nur zu fragen, was die Zeitung aktuell für die Gesellschaft,
d.h. für das deutsche und für das ausländische Publikum tut,
sondern was sie tun sollte (vgl. McQUAIL 1983, 28, 73). Diese
Fragen lassen sich nicht als Ganzes beantworten, sondern allen-
falls als spezifische Leistungen des Systems Presse gegenüber
dem politischen System diskutieren:

- INFORMATIONSFUNKTION -

Nur wenn ausländerspezifische Inhalte von einer gewissen Relevanz sind, werden sie überhaupt vom politischen System aufge-
griffen und müssen veröffentlicht werden (vgl. van DIJK 1986a,
5 ff.; van DIJK 1986d). Allerdings können die Informationen
nicht zufällig, sondern müssen als Selektionsleistung erzeugt
werden (vgl. LUHMANN 1981, 314 ff.).

- MEINUNGSBILDUNGSFUNKTION -

Mit dieser Bezeichnung ist die Vorstellung von einer auslän-
derthematischen Presse verbunden, die die Ereignisse nicht nur
einfach berichtet, sondern dazu Stellung bezieht, d.h. kommen-
tiert und kritisiert. Gerade für die Presse gilt aber der
Grundsatz der Trennung von Nachricht und Meinung (vgl. SCHÖN-
BACH 1977). Dieses Prinzip ist - zumindest für deutsche Verhältnisse - mit dem Anspruch der "Unabhängigkeit" gekoppelt.
Meinungsbildung - gerade auch im Ausländerbereich - ist jedoch
gefährdet, da sie nicht an Fakten oder Normen gebunden werden
kann: Es gibt - zumindest in hochindustrialisierten westlichen
Gesellschaften - keine "wahren" Meinungen (vgl. EPSTEIN 1975),
so daß eine Kontrolle der Meinungsbildung a priori problematisch ist.

---

1) WEISCHENBERG (1987, 13) bezeichnet dieses Ideal aufgrund
   verschiedener Analysen als "Mythos".

- "WIRKLICHKEITSKONSTRUKTION" - FUNKTION -

Insbesondere aus wissenssoziologischer Perspektive (vgl. Kap.
1.2) ist diese Pressefunktion bedeutsam (vgl. TUCHMAN 1978,
182 ff.). Im Vergleich zur Öffentlichkeitsfunktion kann sie
eher als latente Funktion beschrieben werden: Die Presse konstruiert durch ihre Selektivität eine Medienwirklichkeit, die
ihrerseits selbst laufend wieder auf die eigentliche soziale
Wirklichkeit zurückfällt und damit Veränderungen auslöst (vgl.
Abb. 1.1)[1].

   Die wissenssoziologische Analyse der Wirklichkeitskonstruktion ist schwierig[2], weil das Zusammenspiel der beiden Wirklichkeiten keineswegs kausal ist (reflection hypothesis)
(vgl. MERTEN/RUHRMANN et al. 1986, 29 ff.). Die öffentliche
Aufgabe der Presse liegt ja gerade darin, daß sie auf
bestimmte mögliche Ereigniskonstellationen auch schon

Abb. 1.1: Interdependenz sozialer Wirklichkeit und
          Medienrealität (Wirklichkeit zweiter Hand)

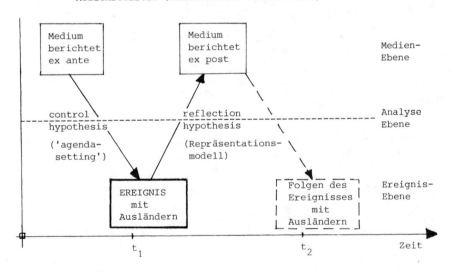

---

1) Ausländerpolitische Wirklichkeit in der Kommune ist weniger
   das, was 'wirklich' ist, sondern das, worüber die Zeitungsleser in der Kommune reden (vgl. TICHENOR/DONOHUE/OLIEN
   1980, 18 ff., 37 ff., 77 ff.).
2) Zu Grenzen der Beobachtungsmethode in der Arbeitsmigrantenforschung vgl. MERKENS (1986, 78 ff., 87 ff.).

vorher aufmerksam macht, sozusagen schon vor dem Ereignis darüber berichtet (control hypothesis) (vgl.
MERTEN/RUHRMANN et al. 1986, 31 ff. (erstmals: vgl. BERELSON/
SALTER 1946, 168)). Der genaue Rückschluß von der ausländerbezogenen Berichterstattung, die als Stichprobe von Ereignissen
mit Ausländerbeteiligung aufgefaßt werden sollte, auf die
Grundgesamtheit aller möglichen Ereignisse oder gar der All-
tagswirklichkeit an sich, ist nahezu unmöglich[1]. Zugleich ist
das der Grund, weshalb der ausländerbezogenen Berichterstattung
der Presse um so mehr "vertraut" werden muß, je weniger Alternativen (z.B. alltägliche Interaktionserfahrungen mit Ausländern) der Leser hat[2].

---

1) Man kann jedoch dadurch Aussagen über das Verhältnis von
   Medien-Realität und "wirklicher" Realität gewinnen, indem
   man inhaltsanalytisch aufbereitete Mediendaten mit anderen,
   sogenannten "Extra-Medien-Daten" (ROSENGREN 1981) verknüpft.
   Die Untersuchung von MERTEN/RUHRMANN (1986) benutzt zum einen die lokale Quote der Arbeitslosigkeit, zum anderen die
   Quote der Ausländer, die in den jeweilig am Ort erscheinenden Medien (negativ) bewertet werden. Die Hypothesen lauten:
   "H_1 Je höher die Arbeitslosenquote an einem Ort X, desto
       negativer die Bewertung von Ausländern in dem/den am
       Ort X erscheinenden Printmedien.

   H_2 Je höher die Ausländerquote an einem Ort X, desto nega-
       tiver die Bewertungen von Ausländern in dem/den am Ort
       X erscheinenden Printmedien und
   H_3 Je größer die Arbeitslosenquote u n d je größer der
       Ausländeranteil an einem Ort X, desto negativer die Be-
       wertungen von Ausländern in dem/den Ort x erscheinenden
       Printmedien.
   H_1 kann in der Studien von MERTEN/RUHRMANN (1986, 108 ff.)
       nicht, H_2 positiv bestätigt werden. Damit scheint sich
       die Reflexionshypothese zu bestätigen."

2) Allgemein zum Vertrauen in Nachrichten vgl. RUHRMANN (1986,
   49 ff.) mit Verweisen auf die Relevanzproblematik.

1.4 ZUSAMMENFASSUNG

Zunehmend gewinnen medial rekonstruierte Ereignisse, an denen Ausländer beteiligt sind, Relevanz für den "wohl-informierten" Bürger, aber auch für den Diskurs politischer und wissenschaftlicher Eliten über die "Ausländer-feindlichkeit".

Geht man davon aus, daß Ereignisse als Nachrichten nicht nur nach bestimmten "Faktoren" wahrgenommen, sondern auch nach bestimmten Kriterien und Regeln aktiv rekon-struiert werden, kann man Aufbau und Beschädigung von All-tagswissen differenzierter analysieren und prognostizie-ren. Auch der Versuch, beschädigtes Alltagswissen mit Hilfe von Alltagstheorien zu 'heilen', läßt sich nuancenreicher beschreiben.

Die Analyse ausländerfeindlicher Alltagstheorien in der Presseberichterstattung kann - unter Berücksichtigung verschiedener Funktionen der Massenmedien - davon ausgehen, daß durch (Nachrichten-)Schemata organisierte Übergänge von beschädigtem zu zerstörtem Alltagswissen existieren. Unwahrscheinlich ist deshalb - im Gegensatz zur realen sozialen Interaktion - das Auftreten vollständiger ausländerfeindlicher Alltagstheorien in Nachrichten und Reportagen von Tageszeitungen.

2. AUSLÄNDERPROBLEME UND AUSLÄNDERPOLITIK IN DER KOMMUNE AM BEISPIEL DER STADT BIELEFELD

2.1 ALLGEMEINE AUSLÄNDERPOLITISCHE LAGE DER KOMMUNEN

Bis zum Beginn des Jahres 1983 wuchs die ausländische
Wohnbevölkerung in der Bundesrepublik und West-Berlin auf
4,7 Millionen, die ausländische Erwerbsbevölkerung auf
1,8 Millionen an. Ausländeranteile von 9 - 15 Prozent, ver-
einzelt auch über 2o Prozent, sind heute ein fester demo-
graphischer Bestandteil zahlreicher deutscher Industrie-
großstädte. Die Kommunen als empirischer Ort der Verteilung von Gütern und Leistungen der sozialen Infrastruktur
werden dadurch mit einem Komplex ungelöster Versorgungsprobleme konfrontiert. Ihnen wird die schwierige Aufgabe
zugewiesen, die mit der Einwanderung von Ausländern verbundenen sozialen und politischen Folgeprobleme zu bear-
beiten.

Ausländerintegration und Wohnungsversorgung - wobei der
Wohnungsversorgung ein zentraler Stellenwert gerade auch
für die Ausländerintegration zukommt - sind nach überein-
stimmender Einschätzung der Experten die beiden vordring-
lichsten Problemstellungen kommunaler Aufgabenerfüllung
in den kommenden Jahren (vgl. DEUTSCHER STÄDTETAG 1981,
7, 9).

Wir müssen davon ausgehen, daß die Anwesenheit ausländischer Arbeitnehmer und ihrer Familien in der Bundesrepublik heute nicht mehr als vorübergehend angesehen
werden kann. Waren die "Gastarbeiter" vor dem Anwerbestop
für ausländische Arbeitnehmer aus Nicht-EG-Ländern vom
November 1973 noch "überwiegend mit dem Ziel eines vorüber-
gehenden Aufenthalts eingereist...,· um mit dem Verdienst
den Lebensunterhalt für die Familie zu sichern und mit dem
daneben Ersparten eine Existenz im Heimatland aufbauen zu
können" (SCHULERI 1981, 39), so ließen nach dem Anwerbestop,
aufgrund der veränderten aufenthaltsrechtlichen Lage, die

meisten ausländischen Arbeitskräfte ihre Familien nachkommen. Es vollzog sich ein Strukturwandel der ausländischen Bevölkerung, der viele Städte zum Konzipieren einer
adäquaten kommunalen Ausländerpolitik zwang.

Durch die allgemeinen Beschränkungen der Handlungsfä-
higkeit der Kommunen - sie müssen auf die von ihnen nur
begrenzt beeinflußbare staatliche Ausländerpolitik vor
Ort Problemlösungen entwickeln - befinden sie sich in einem Dilemma, nicht zuletzt durch ihre finanziellen Hand-
lungsspielräume, die enger geworden sind (vgl. FILSINGER/
HAMBURGER/NEUBERT 1984, 219 f.). Stellt die Kommune mehr
finanzielle Ressourcen für eine bessere infrastrukturelle
Versorgung der ausländischen Bevölkerung zur Verfügung,
kann es zu einem Konflikt mit der deutschen Bevölkerung
kommen, umgekehrt muß mit Reaktionen der Ausländer ge-
rechnet werden.

Die Einwanderung von Ausländern schafft nicht - wie oft
behauptet wird - neue Problemursachen, sondern bereits
existierende gesellschaftliche Strukturprobleme, z.B. auf
dem Wohnungsmarkt und im Beschäftigungssystem, treten erneut
zu Tage und werden nun zu kommunalen Problemen. Durch den
Zuzug von Ausländern in städtebauliche Problemgebiete und
durch die zusätzliche Inanspruchnahme sozialer Dienstlei-
stungen entstehen schwierige Versorgungsprobleme, die eine
Ghettoisierung und Stigmatisierung ausländischer Familien
fördern. "Die vorhandenen Strukturprobleme werden an den
Ausländern abgearbeitet; sie sind in besonderem Maße Leid-
tragende von Versorgungsmängeln und gleichzeitig werden sie
als 'Sündenböcke' für die Strukturprobleme verantwortlich
gemacht" (FILSINGER/HAMBURGER/NEUBERT 1984, 218).

Aufgrund des ständig wachsenden Problemdrucks wurden in
den letzten Jahren in den Städten eine Vielzahl von Auslän-
derberichten und ausländerbezogenen Maßnahmeprogrammen entwickelt, in denen sich die Kommunen mit der Situation der
ausländischen Wohnbevölkerung auseinandersetzen (vgl.
SCHULERI-HARTJE 1982, 44 f.). Dabei werden insbesondere
folgende Problemkomplexe hervorgehoben:

- Stadtentwicklung und Verbesserung der Wohnsituation von
  Ausländern,
- Eingliederungsmaßnahmen der zeiten Ausländergeneration,
- Erhöhung der politischen Partizipation und Sicherung
  des restlichen Status',
- Verbesserung der sozialen und kulturellen Betreuung
  von Ausländern.

Die gravierendsten Probleme werden nachfolgend für den Untersuchungszeitraum der vorliegenden Arbeit exemplarisch
am Beispiel der Stadt Bielefeld erörtert.

2.2 AUSLÄNDERPROBLEMATIK IN BIELEFELD 1981 BIS 1983
2.2.1 AUSLÄNDERANTEIL

Die Stadt Bielefeld ist mit rd. 3o9.ooo Einwohnern
(Stand: Juli 1983) die achtgrößte Stadt Nordrhein-Westfalens.
Sie ist zugleich Wirtschafts- und Verwaltungszentrum des
nordöstlichen Westfalen. Im Juli 1983 lebten in Bielefeld
3o.o96 behördlich registrierte Ausländer (ohne Stationierungsstreitkräfte), was einem Anteil von 9,7 % an der
gesamten Wohnbevölkerung entspricht (vgl. Abb. 2.o).

<u>Abb. 2.1:</u> Anzahl der Ausländer in Bielefeld

Stichtag/Jahr	in Tausend	Anteil an der Gesamtbevölkerung in v.H.
31.12.198o	29.1o8	9,3
31.12.1981	3o.391	9,7
31.12.1982	3o.587	9,8
Juli 1983	3o.o96	9,7

Quelle: Statistisches Jahrbuch der Stadt Bielefeld 1982,
        S. 24; Monatsbericht des Statistischen Amtes der
        Stadt Bielefeld, Juli/August/September 1983, S. 35.

In Bielefeld stieg die Anzahl der Ausländer seit Ende
1976 bis Ende 1982 um 25 % (vgl. STATISTISCHES JAHRBUCH
1977, 1982, 24). Seit Anfang 1983 ist in absoluten Zahlen

eine langsame Abnahme der ausländischen Bevölkerung zu
verzeichnen. Der Ausländeranteil liegt in Bielefeld leicht
über dem Bundes- und dem Landesdurchschnitt (Bundesrepublik 1982: 7,5 %; Nordrhein-Westfalen 198o: 8,1 %) (vgl.
DER BUNDESMINISTER DES INNERN 1984, 37; STEP-PROJEKT-
GRUPPE "AUSLÄNDER" 1982, 7). Unter den 67 bundesdeutschen
Großstädten lag die Stadt Bielefeld am 31.12.1982 mit
ihrem Ausländeranteil an der Gesamtbevölkerung auf dem
31. Platz (vgl. STATISTISCHES JAHRBUCH 1982, 181), während
die Bielefelder Ausländerquote 1981 mit 9,6 % knapp unter
dem durchschnittlichen Ausländeranteil der 17 kreisfreien
Städte Nordrhein-Westfalens (1o,5 %) blieb (vgl. STEP-
PROJEKTGRUPPE 1982, 7).

2.2.2 ZUSAMMENSETZUNG DER NATIONALITÄTEN

In der Bundesrepublik und auch in Bielefeld leben eine
ganze Reihe von Ausländergruppen, die sich durch einen unterschiedlichen Status unterscheiden: Arbeitnehmer und ihre
Familienangehörigen aus EG-Ländern, angeworbene Arbeiter
und ihre Familien aus Nicht-EG-Ländern, anerkannte Asylberechtigte, Asylbewerber im Anerkennungsverfahren, sogenannte Kontingent-Flüchtlinge, Ausländer in der Aus-,
Fort- und Weiterbildung, Angehörige von Stationierungs-
streitkräften und ihre Familienangehörigen, heimatlose
Ausländer u.a.m. Es leben also völlig verschiedene Ausländer hier. Deshalb müssen sich die politisch Verant-
wortlichen und Meinungsmacher in den Medien fragen lassen,
weshalb von Ausländern allgemein gesprochen wird, obwohl
jeweils nur ganz bestimmte Gruppen gemeint sind".

Über 81 % der ausländischen Wohnbevölkerung Bielefelds
kommen aus den Anwerbeländern Griechenland, Italien, Jugoslawien, Portugal, Spanien und Türkei. Die größte ethnische Gruppe bilden die Türken mit fast 14.ooo Einwohnern
(am 3o.9.1982), was einem Anteil von über 45 % aller Ausländer entspricht. An zweiter Stelle folgen die Jugoslawen

mit über 16 %, gefolgt von den Griechen mit fast 11 %
(vgl. Abb. 2.1).

Abb. 2.2: Ausländische Wohnbevölkerung nach Staatsangehörigkeit am 3o.9.1982 in Bielefeld

Staat	Anzahl	Anteil an Gesamt-Ausländern in v. H.	Anteil an der Gesamtbevölkerung in v. H.
Griechenland	3.333	1o,8	1,1
Italien	1.687	5,5	o,5
Jugoslawien	5.o11	16,3	1,6
Portugal	241	o,8	o,1
Spanien	814	2,6	o,3
Türkei	13.94o	45,2	4,5
Andere zus.	5.787	18,8	1,9
Gesamt	3o.813	1oo	9,9

Quelle: Statistisches Jahrbuch der Stadt Bielefeld 1982, 27;
zum Teil eigene Berechnungen.

Der Anteil der türkischen Bevölkerung unter den Ausländern
liegt in Bielefeld deutlich über dem Landesdurchschnitt von
38,1 % (1981) (vgl. STATISTISCHES BUNDESAMT 1982, 66) und
weit über dem Bundesdurchschnitt von 33,9 % (1982) (vgl.
BUNDESMINISTERIUM DES INNERN 1983, 9). Die nächstgrößten
Nationalitäten, die Jugoslawen und Griechen, liegen mit
ihren Anteilen ebenfalls über dem Landesdurchschnitt, während die Anteile der Italiener, Spanier und Portugiesen ihn
deutlich unterschreiten. Ähnlich wie auf Bundes- und Landes-
ebene verlief in Bielefeld seit 1976 die Entwicklung der
nationalen Zusammensetzung der Ausländerbevölkerung: Bis
1982 entfiel über 9o % der Zunahme der Ausländer Bielefelds
auf die Türken, deren Anzahl sich in diesem Zeitraum um
7o % erhöhte (vgl. STATISTISCHES JAHRBUCH 1977, 1982, 27).
Die Steigerungsrate der türkischen Bevölkerung unter den
Ausländern beträgt selbst im Untersuchungszeitraum dieser
Studie noch 91,8 % (hier im Zeitraum 31.12.198o - 31.12.1982),
während die Bielefelder Ausländerbevölkerung in diesen beiden
Jahren nur von 29.1o8 auf 3o.587 (= 5,1 %)anwuchs (vgl.
Abb. 2.1).

Die größte Ausländergruppe stellen, wie in vielen anderen Kommunen der Bundesrepublik, die Türken. Sie sind auf Grund ihrer ethnischen Andersartigkeit "nur schwer zu integrieren", wie es der Bundestagsabgeordnete der CDU/CSU Dregger behauptete (vgl. DEUTSCHER BUNDESTAG 1982, 4892 ff.). Gegen sie richtet sich auch die größte Ablehnung in Teilen der Bielefelder Bevölkerung.

2.2.3 ASYLBEWERBER [1]

Nach dem Grundgesetz genießen politisch Verfolgte in der Bundesrepublik Asylrecht. Bis Asylbewerber als Asylberechtigte anerkannt werden, müssen sie ein Anerkennungsverfahren durchlaufen. Davon ausgenommen sind die sogenannten Kontingentflüchtlinge (wie z.B. aus Südostasien), die im Rahmen von humanitären Hilfsaktionen aufgenommen werden (vgl. STANG 1982, 6 ff.). Den einzelnen Bundesländern

---

1) Häufig wird in Artikeln und Leserbriefen von Zeitungen und Reden von Politikern das "Asylantenproblem" mit dem "Gastarbeiterproblem" verknüpft. Dazu der FDP-MdB Hölscher in der Bundestagsdebatte zur Ausländerpolitik am 4.2.82: "Meine Damen und Herren, die Zahl der von 2 Millionen erwerbstätigen Ausländern bringt die Opposition ... in unmittelbaren Zusammenhang mit der Feststellung, daß mehr als 90 % aller Anträge auf Asylgewährung als unberechtigt zurückgewiesen werden. Ich sehe auch hier den Zusammenhang nicht; denn Asylbewerber haben wir doch nur etwa 200.000, gegenüber 4,7 Millionen anderen Ausländern. Gerade weil Sie dies, die Zahl der Beschäftigten und das Asylantenproblem in diesen unmittelbaren Zusammenhang stellen, werde ich den schlimmen Verdacht nicht los, daß es Politiker gibt, die auf leichtfertige, ja unverantwortliche Weise Kapital schlagen wollen aus der zweifellos vorhandenen Ausländerfeindlichkeit in einem Teil unserer Bevölkerung" (DEUTSCHER BUNDESTAG 1982, 4897).

sind vom Bund und den Städten wiederum von den Erstge-
nannten Sollzahlen für die Aufnahme von Asylberechtigten,
d.h. anerkannten Asylbewerbern, übertragen worden. Die Stadt
Bielefeld hat ein Soll von 1.165 Personen (alle weiteren
Zahlen lt. Auskunft des Statistischen Amtes der Stadt
Bielefeld und aus den beiden Bielefelder Tageszeitungen),
das seit Jahren kräftig überschritten wird.

Anfang 1981 lebten ca. 1.3oo Asylberechtigte in Bielefeld.
Nur zwei von etwa 45o Asylbewerbern wurden 1981 als asyl-
berechtigt anerkannt. Nach der Erschwerung der Familienzu-
sammenführung durch die Bundesregierung und in den letzten
Jahren u.a. auch auf Grund der politischen Verhältnisse in
diesem Land, kommen 8o % der Asylbewerber aus der Türkei.
Nur ca. 15 % aller Bewerber dürfen in der Regel in der Stadt
Bielefeld bleiben.

Da nach dem neuen Asylverfahrensgesetz vom 16.7.1982
Asylbewerbern für die Dauer von zwei Jahren (bei Flücht-
lingen aus sozialistischen Ländern ein Jahr) die Arbeits-
aufnahme verboten ist und die Verfahrensdauer oft Jahre
dauert, sind die Bewerber auf Sozialhilfe angewiesen
(vgl. FRANZ 1984, 41). Dadurch werden den Kommunen enorme
zusätzliche finanzielle Lasten aufgebürdet. Das Sozialamt
der Stadt Bielefeld zahlte im Jahre 1981 an 467 Asylbewerber fast 1,7 Millionen D-Mark, und 1982 erhielten 559
Personen über 2 Millionen DM. Eine weitere Belastung er-
wächst der Stadt durch die Bereitstellung von Wohnraum für
die Asylbewerber, wobei der Großteil der türkischen Asyl-
suchenden bei Verwandten und Bekannten Unterkunft findet.

2.2.4 ARBEITSLOSIGKEIT UND ERWERBSTÄTIGKEIT

Durch die Rezession seit 1981 erhöhte sich die Zahl der
Arbeitslosen in Bielefeld überdurchschnittlich und erreichte
bis zum Ende des Jahres 1982 einen Wert von 8,6 % (Jahres-
durchschnitt), der knapp über der Arbeitslosenquote der
Bundesrepublik lag. In besonderem Maße waren die Ausländer

im Bereich des Arbeitsamtes Bielefeld von der Arbeitslosigkeit betroffen (vgl. Abb. 2.2).

Abb. 2.3: Arbeitslosigkeit der Ausländer im Arbeitsamts-
          bezirk Bielefeld (einschließlich umliegender
          Gemeinden und kleinerer Städte)

Stichtag/Jahr	Anzahl der Ausländer in Tsd.	Anteil an der Gesamtzahl in v. H.	Gesamtzahl in v.H.
31.12.198o	1.725	19,1	4,2
31.12.1981	3.355	2o,1	7,3
31.12.1982	4.347	18,o	1o,6
3o.6.1983	4.24o	17,o	

Quelle: Statistisches Jahrbuch der Stadt Bielefeld 1982, 122 f.;
        monatliche Berichte der Tageszeitungen;
        zum Teil eigene Berechnungen.

Anfang 1983 waren fast die Häfte (48 %) aller arbeitslosen Ausländer in Bielefeld türkischer Nationalität, während ihr Anteil an den sozialversicherungpflichtig beschäftigen Ausländern knapp 4o % betrug. Die andauernde
hohe Arbeitslosigkeit bewirkte einen Rückgang der Zahl der
beschäftigten Ausländer im Bereich des Arbeitsamtsbezirks
der Stadt Bielefeld in der Zeit von Anfang 1981 bis Ende
September 1982 um fast 12 % oder in absoluten Zahlen von
24.155 auf 21.257 Beschäftigte (vgl. Abb. 2.3).

Abb. 2.4: Anzahl der ausländischen Arbeitnehmer in Bielefeld

Stichtag/Jahr	Anzahl in Tsd.	Anteil an abhängig Beschäftigten i.v.H.
31.12.198o	24.155	11,5
31.12.1981	22.227	1o,8
3o.9.1982	21.257	1o,3

Quelle: Auskunft des Arbeitsamtes der Stadt Bielefeld;
        zum Teil eigene Berechnungen.

2.2.5 WOHNSITUATION

Die Wohnsituation der Ausländer ist auch in Bielefeld, wie
in fast allen Städten mit einem nennenswerten Ausländeranteil, gekennzeichnet durch eine räumliche Konzentration in
bestimmten Stadtteilen, wobei es sich nicht selten um Sa-
nierungsgebiete handelt.

Innerhalb des Stadtgebietes ist eine Konzentration der
ausländischen Bevölkerung auf Wohngebiete in der Stadtmitte
und in der Nähe von Industriegebieten festzustellen (vgl.
alle folgenden Zahlen: STATISTISCHES JAHRBUCH 1982, 25;
STEP-PROJEKTGRUPPE "AUSLÄNDER" 1982, 4 f.; zum Teil eigene
Berechnungen). Allein in den zwei Stadtbezirken Mitte
(Ausländerquote: 15,7 %) und Brackwede (14,5 %) lebten
am 31.12.1982 fast 6o % aller Ausländer Bielefelds, während
hier allerdings nur knapp 45 % der Gesamtbevölkerung wohnte
(vgl. Abb. 2.4).

Abb. 2.5: Ausländische Wohnbevölkerung in den Bielefelder
Stadtbezirken am 31.12.1982

Stadtbezirk	Anzahl	Auf 1.ooo Einwohner
Mitte	12.112	157
Schildesche	2.78o	68
Gadderbaum	8o8	61
Brackwede	5.377	145
Dornberg	593	33
Jöllenbeck	99o	57
Heepen	2.o76	53
Stieghorst	2.411	85
Sennestadt	1.655	75
Senne	1.785	1o3
Zusammen	3o.587	98

Quelle: Statistisches Jahrbuch der Stadt Bielefeld 1982, S. 25.

In 16 statistischen Bezirken von 92 in Bielefeld liegt
der Ausländeranteil über 2o %, in 5 sogar über 25 %.

Die türkische Wohnbevölkerung ist im Stadtbezirk Mitte
zwar absolut die größte Ausländergruppe, aber der prozentuale
Anteil ist in den Stadtbezirken Brackwede (66,4 % aller Ausländer), Senne (62 %) und Jöllenbeck (7o,7 %) am höchsten.

"Als Grund zur Unzufriedenheit mit ihrer Lage in der
Bundesrepublik wird von den Gastarbeitern neben den Sprach-
schwierigkeiten immer wieder das Wohnungsproblem genannt.
So schwankte der Anteil derer, die offen zugeben, mit ihrer
Wohnung unzufrieden zu sein, bei verschiedenen Untersuchungen zwischen 3o und 5o Prozent" (McRAE 1981, 34). Die Wohn-
versorgung der Ausländer wird ebenfalls in Bielefeld quali-
tativ und quantitativ als unzureichend angesehen (vgl.
STEP-ARBEITSGRUPPE "AUSLÄNDER" 1979, 186). Die Ausländer
wohnen   überwiegend in Altbauwohnungen mit schlechter Bau-
substanz und geringem Wohnstandard und in Wohngebieten mit
hohen Umweltbelastungen. Zudem kommt, daß die ausländischen
Mieter in der Regel für vergleichbare Wohnungen im Durchschnitt relativ höhere Mieten als Deutsche zahlen und in
einigen Teilen des Wohnungsbestandes und in bestimmten
Wohngebieten keine Chance haben, eine Wohnung anzumieten.

Außerdem reicht die Zahl der angebotenen Wohnungen nicht
aus, um die rege Nachfrage der Ausländer decken zu können.
So kam es dazu, daß jede vierte Bielefelder Ausländerfami-
lie 1981 bei der Stadt Bielefeld als wohnungssuchend re-
gistriert war (vgl. NEUE WESTFÄLISCHE, 4.4.1981). Im Mai 1983
waren 61 % der Bielefelder Wohnungssuchenden Türken (vgl.
NEUE WESTFÄLISCHE, 25.5.1983), während sie laut Auskunft
des Amtes für Wohnungswesen im März 1983 allein 45 % der
behördlich registrierten Wohnungsnotstände stellten (vgl.
DAHEIM/EVEN/HOFFMANN 1983, 19).

2.2.6 Zweite Ausländergeneration

Von den mehr als 4,6 Millionen Ausländern in der Bundesrepublik im Jahre 1981 waren fast 1,2 Millionen unter 16
Jahre alt. Davon waren wiederum über 47 % türkischer Staatsangehörigkeit (vgl. BUNDESMINISTER DES INNERN 1982, 2o).
Die Zahl der ausländischen Kinder und Jugendlichen ist
ständig im Steigen begriffen. Die Kinder wachsen hier auf,
besuchen deutsche Kindergärten und Schulen oder sind
schon selbst berufstätig. Auf Grund dieses ansteigenden
Teils der jüngeren Jahrgänge sieht der Deutsche Städtetag
auf die Kommunen Probleme und Aufgaben zukommen, "wie sie
bisher in dieser Größenordnung nicht dagewesen sind, besonders da man weiß, daß ein Großteil der 'zwischen den
Kulturen' aufwachsenden zweiten Generation der ausländischen
Kinder und Jugendlichen auf Dauer in Deutschland bleiben
wird" (DER STÄDTETAG 198o, 186).

Die hier geborenen oder in die Bundesrepublik nachge-
holten Kinder und Jugendlichen haben zum Teil keinen Schulabschluß und/oder eine abgeschlossene Berufsausbildung und
besitzen durch die ungünstige Lage auf dem Arbeitsmarkt kaum
eine Beschäftigungschance.

In Bielefeld nahm die Zahl ausländischer Kinder in den
letzten Jahren beständig zu. Sowohl 1981 als auch 1982
waren jeweils ca. 26 % aller Bielefelder Neugeborenen Ausländerkinder (vgl. NEUE WESTFÄLISCHE, 3o.11.1982; STATISTI-
SCHES JAHRBUCH 1982, 38). Dieser Anteil lag im Jahre 1982
erheblich über dem bundesweiten mit 11,7 %, wo außerdem
seit 1981 die Tendenz absolut und prozentual rückläufig
ist (vgl. DER BEAUFTRAGTE DER BUNDESREGIERUNG FÜR AUSLÄN-
DERFRAGEN 1984, 8o). Die meisten Kinder pro Familie haben
die Türken. Während bei den Deutschen o,8 % und bei den
Ausländern (ohne Türken) 1.8 % der Kindergeldempfänger
Ende 1982 vom Bielefelder Arbeitsamt Kindergeld für fünf
und mehr Kinder bezogen, waren es bei den türkischen Familien 11 %. Durchschnittlich erhielten 1oo empfangsberechtigte Deutsche Leistungen für 17o Kinder, 1oo empfangsbe-

rechtige Ausländer (ohne Türken) Leistungen für 19o
Kinder und 1oo empfangsberechtigte Türken Leistungen
für 271 Kinder (vgl. NEUE WESTFÄLISCHE, 27.1.1983).

Die folgende Abbildung (vgl. Abb. 2.5) zeigt den
überdurchschnittlichen Anteil der ausländischen Kinder
und Jugendlichen in Bielefeld:

Abb. 2.6: Ausländische Wohnbevölkerung nach ausgewählten
Altersgruppen am 31.12.1982 in Bielefeld

Geburtsjahr	Alter von ... bis unter Jahren	Anzahl	Auf 1.ooo Einwohner
1982-1978	o - 5	3.o25	222
1977-1973	5 - 1o	3.o45	222
1972-1968	1o - 15	2.795	144
1967-1963	15 - 2o	2.686	1o4
1962-1958	2o - 25	2.386	85
1957 u.früher	25 u. älter	16.65o	6o
zusammen:		3o.587	98

Quelle: Statistisches Jahrbuch der Stadt Bielefeld 1982, S. 26;
        zum Teil eigene Berechnungen.

Zu diesem Zeitpunkt stellten die Ausländer 22,4 % der
noch nicht schulpflichtigen Kinder sowie 16,2 % der Kinder
und Jugendlichen im Alter von 6 - 15 Jahren. Bei dem hohen
Kinderanteil und den Familiengrößen ist zu berücksichtigen,
daß sie ein Resultat aus Agrargesellschaften ohne Sozial-
versicherungssysteme sind, wie wir sie zum Teil in der
Türkei und anderen Mittelmeerländern vorfinden. Bei sozialer
Integration in unsere Gesellschaft werden die Maßstäbe für
die Familiengröße schnell einem Wandel unterzogen (vgl.
BAMMEL/MEHRLÄNDER/STRUCK 1984, 43 f.).

Bei vielen Vermietern und Nachbarn werden drei bis vier
Kinder schon als Problem empfunden. "In dieser Spielart
der Ausländerfeindlichkeit scheint sich aber generell die
Kinderfeindlichkeit unserer Gesellschaft zu dokumentieren...

Die Abneigung gegen Ausländer und Kinder richtet vielfach
unüberwindbare Hindernisse auf. Vor diesem Hintergrund
sollte man die vielbeklagte Ghettobildung im Wohnbereich
sehen[1].

Die hohe Zahl der ausländischen Kinder und Jugendlichen
führte zu einer starken Frequentierung der Einrichtungen
der vorschulischen und schulischen Bildung (vgl. Abb. 2.7):

Abb. 2.7: Schüler der allgemeinbildenden Schulen nach der
Staatsangehörigkeit am 1.1o.1982 in Bielefeld
(ohne Abendrealschule, Abendgymnasium und
Westfalen Kolleg)

Staat	Sonder-schule	Grund u. Haupt schule	Real-schule	Gymnasium	Sonstige[1]	insges.
Griechenland	27	261	2o	22	14	344
Italien	2o	179	1	15	29	244
Jugoslawien	44	479	39	3o	24	616
Portugal	5	31	4	1	1	42
Spanien	11	68	9	4	11	1o3
Türkei	146	3.o98	43	33	129	3.449
Sonstige zus.	13	216	48	76	57	41o
zusammen:	266	4.332	164	181	265	5.2o8
Bundesrepublik Deutschland	2.o98	16.485	6.o15	1o.22o	3.491	38.3o9

1) Freie Waldorfschule, Gesamtschule, Laborschule und Oberstufen Kolleg

Quelle: Statistisches Jahrbuch der Stadt Bielefeld 1982, S. 66;
zum Teil eigene Berechnungen.

---

1) Auch wenn sozialwissenschaftliche Untersuchungen einen
hohen Grad an Integrationsbereitschaft der Ausländer
signalisieren, sollte man sich vergegenwärtigen, daß
eine weitere Verunsicherung durch Arbeitslosigkeit,
offensive Ausländerfeindlichkeit sowie die Rückkehr-
prämien-Diskussion die ausländischen Familien in ihre
traditionelle Lebensweise zurückdrängt" (BAMMEL/
MEHRLÄNDER/STRUCK 1984, 44 ff.).

Der Anteil der ausländischen Schüler aus den Anwerbeländern an den Bielefelder Grund- und Hauptschulen erreichte
im Oktober 1982 einen Wert von fast 25 %. Nach Auskunft des
Statistischen Amtes der Stadt Bielefeld lagen in den beiden
Stadtbezirken mit der höchsten Ausländerquote (Stadtmitte
und Brackwede) die Anteile erheblich höher. Dort betrugen
sie an den Grund- und Hauptschulen 33,3 % bzw. 34,9 %. In
einer Grundschule gab es sogar einen Ausländeranteil von
74,5 % (vgl. DAHEIM/EVEN/HOFFMANN 1983, 19). Die größte Gruppe bildeten auch hier wieder die Türken, die 71,5 % aller ausländischen Schüler stellten. Mit diesen Zahlen liegt Bielefeld
weit über dem Bundesdurchschnitt (vgl. BEAUFTRAGTE DER BUN-
DESREGIERUNG 1984, 81). Während der Ausländeranteil an den
Sonderschulen in Bielefeld mit 12,7 % diesem ähnlich ist[1].

Während die derzeitige Situation der ausländischen Schüler
durch die hohe Zahl der Spät- und Seiteneinsteiger geprägt
ist, von denen nur gut die Hälfte 1980 einen Schulabschluß
erreichten (vgl. BEAUFTRAGTE DER BUNDESREGIERUNG 1984, 81),
sind die Schulchancen der hier geborenen und aufgewachsenen
Ausländerkinder denen deutscher Arbeiterkinder vergleichbar
(vgl. BAMMEL/MEHRLÄNDER/STRUCK 1984, 49).

Ein weiteres Problem ist die Wahrnehmung der allgemeinen
Schulpflicht durch die Ausländerkinder, die durch verschie-
denste Gründe, wie z.B. familiäre Situation, Sprachschwie-
rigkeiten, Unsicherheit hinsichtlich der Aufenthaltsdauer,

---

1) Dagegen fällt auf, daß der Übergang von der Grundschule
   zu weiterführenden Schulen nur wenigen Ausländerkindern
   gelingt, wobei u.a. auch die Schichtzugehörigkeit - ausländische Kinder sind überwiegend Arbeiterkinder - eine
   wesentliche Rolle spielt. Zudem sind die Kinder von ausländischen Arbeitnehmern gegenüber deutschen Arbeiterkin-
   dern nicht nur wegen ihrer unzureichenden deutschen Sprach-
   kenntnisse, sondern dazu noch wegen ihrer spezifischen Le-
   bens- und Erziehungssituation und der daraus entstehenden
   Konflikte, benachteiligt (vgl. McRAE 1981, 89).

Wohnsituation, usw. bedingt ist (vgl. STANG 1982, 30 f.;
McRAE 1981, 90 f.). Am extremsten ist die Quote bei der
Erfüllung der Berufsschulpflicht. Nur 56,1 % der ausländischen Schüler an beruflichen Schulen gemessen an der Zahl
der ausländischen Jugendlichen im Alter von 15 bis unter 18
Jahren nahmen 1982 im Bundesgebiet die Schulpflicht wahr
(vgl. BEAUFTRAGTE DER BUNDESREGIERUNG 1984, 81). In Bielefeld waren von insgesamt 18.142 Schülern der beruflichen
Schulen am 1.10.1982 nur 951 (= 5,2 %) Jugendliche aus Anwerbeländern (vgl. STATISTISCHES JAHRBUCH 1982, 75).

2.2.7 RECHTLICHE STELLUNG UND POLITISCHE PARTIZIPATION

Die rechtliche Stellung der ausländischen Wohnbevölkerung
ist durch das Ausländergesetz aus dem Jahre 1965 festge-
legt[1]. Das Ausländergesetz, das sich in erster Linie an
arbeitsmarktpolitischen Gesichtspunkten und Anforderungen
orientiert, "wird als 'Fremden- und Ausländerpolizeirecht'
verstanden, mit einem vielfältigen Abwehrinstrumentarium
einschließlich Ausweisung und Abschiebung" (MEIER-BRAUN 1984,
66).

Die politische und rechtliche Benachteiligung der ausländischen Wohnbevölkerung in der Bundesrepublik - vor allem
im Zusammenhang mit dem seit 1981 verfolgten Remigrations-
programm der Bundesregierung - hat zu einer tiefen Verunsicherung der betroffenen Bevölkerungsgruppe geführt, die
nicht unwesentlich Ursache vieler an den Ausländern kriti-
sierter Verhaltensweisen ist (vgl. DAHEIM/EVEN/HOFFMANN 1983,
14).

---

1) "Charakteristisch für das Ausländergesetz, das sich aufgrund seiner unklaren Rechtsbegriffe praktisch für jeg-
liche Form der Ausländerpolitik einsetzen läßt, sind die
großen Ermessensspielräume der Ausländerbehörden, die die
Betroffenen der Willkür oder Verständnislosigkeit einzelner Verwaltungsbeamter ausliefern. Im Hinblick auf deren
rechtliche und soziale Diskriminierung ist der Grundsatz
der Gleichbehandlung nach Artikel 3 des Grundgesetzes im
Falle der Ausländer nicht mehr gewährleistet" (McRAE 1981,
57).

Nach dem Ausländergesetz benötigt jeder Ausländer über
15 Jahre, der sich dauerhaft in der Bundesrepublik Deutschland aufhält, eine Aufenthaltsgenehmigung, deren Erteilung
ausschließlich an der Interessenslage der Bundesrepublik
orientiert ist. Den relativ besten aufenthaltsrechtlichen
Status bietet die Aufenthaltsberechtigung, die nach frühe-
stens acht Jahren und der Erfüllung bestimmter Vorausset-
zungen (vgl. McRAE 1981, 58 ff.) von der Ausländerbehörde
dem Ausländer gewährt werden kann. Am 3o.9.1982 verfügten
bundesweit allerdings, wohl vor allem aus Unwissenheit,
nur ca. o,64 % der 6o % aller Ausländer, die schon mindestens acht Jahre in der Bundesrepublik lebten, über eine
Aufenthaltsberechtigung.

In Bielefeld waren es zum gleichen Zeitpunkt nach Auskunft des Ausländeramtes 1,7 % oder 3o8 Personen. 8.587 (=
48,7 %) der Ausländer besaßen eine unbefristete Aufenthaltserlaubnis (Erteilung nach mindestens fünfjährigem
Aufenthalt möglich), während 8.743 (= 49,6 %) im Besitz
einer befristeten Aufenthaltserlaubnis waren und damit,
trotz längeren Aufenthalts in der Bundesrepublik, sich
in einer relativ unsicheren aufenthaltsrechtlichen Stellung
befanden (vgl. DAHEIM/EVEN/HOFFMANN 1983, 2o).

Obwohl eine Reihe von Ausländern aus Anwerbeländern in
Bielefeld die Bedingungen eines Einbürgerungsantrages er-
füllten, wurde diese Möglichkeit kaum genutzt. 1981 erhielten drei Griechen, 1982 zwei Italiener, neun Jugoslawen
und zwei Türken auf Antrag die deutsche Staatsbürgerschaft
(vgl. NEUE WESTFÄLISCHE, 5.1.1982; STATISTISCHES JAHRBUCH
1982, 59).

Da die Ausländer kein Wahlrecht besitzen, haben sie
keine Möglichkeit, am politischen Entscheidungsprozeß mit-
zuwirken. Außerdem ist ihr Grundrecht auf freie Meinungs-
äußerung durch das Ausländergesetz beschränkt. Ihre ein-
zigen Interessensvertretungen sind Ausländerbeiräte, Aus-
länderparlamente o.ä. in den Kommunen. In Bielefeld wurde
1973 per Ratsbeschluß ein Ausländerbeirat eingerichtet, der

als beratendes Gremium für die Fachausschüsse zu ausländerbezogenen Fragen fungiert. Die Sitzverteilung zwischen Deutschen und Ausländern ist seit 1975 fast ausgeglichen (vgl.
DAHEIM/EVEN/HOFFMANN 1983, 23).

2.2.8 KRIMINALITÄT DER AUSLÄNDER

Die Kriminalstatistik weist im Jahre 1981 im Bundesgebiet für
die Ausländer eine Kriminalitätsbelastung aus, die mehr als
doppelt so hoch ist wie die der deutschen Bevölkerung. Der
Anteil von Ausländern an den Tatverdächtigen betrug zu diesem Zeitpunkt 16 % bei einem Bevölkerungsanteil von 7,5 %.
Dabei ist zu berücksichtigen, daß Ausländer eher als Deutsche
"tatverdächtigt" werden[1], 25 % aller tatverdächtigen Ausländer auf nicht von der Bevölkerungsstatistik erfaßte Gruppen
(Durchreisende und Touristen, Stationierungsstreitkräfte,
hier illegal lebende Ausländer) entfallen, 22 % der Straftaten ausländerspezifisch sind und Ausländer in ohnehin kri-
minalitätsgefährdeten Gruppen eine starke Überrepräsentanz
vorweisen (Männer sowie Altersgruppen unter 40, Unterschicht,
hohe Arbeitslosigkeit, Jugendliche ohne Bildungsabschlüsse)
(vgl. BAMMEL/MEHRLÄNDER/STRUCK 1984, 83 ff.; ALBRECHT/
PFEIFFER 1979).

---

1) "Nach einer weit verbreiteten Ansicht ist die Kriminalität der ausländischen Arbeiter in der Bundesrepublik besonders hoch, ein Vorurteil, das durch den Mangel an ver-
läßlichen wissenschaftlichen Daten und vergleichbaren of-
fiziellen Statistiken, durch sensationelle Pressemeldun-
gen und vielfach unobjektive Berichterstattung noch verstärkt wird" (McRAE 1981, 110). Häufig wird nur von "Ausländerkriminalität" gesprochen und damit - unbewußt oder
beabsichtigt - menschliches, als kriminell definiertes
Handeln, mit dem formalen Status Ausländer in Verbindung
gebracht (vgl. HAMBURGER/WOLTER 1984, 226 ff.).

Verglichen mit den Inländern, sieht die Verteilung der
Ausländer auf die einzelnen Deliktgruppen sehr unterschied-
lich aus (vgl. Abb. 2.8):

Abb. 2.8: Ausländeranteil an den Straftatverdächtigen nach
          Art der Straftaten 1982 in Bielefeld

Art der Straftaten	Tatverdächtige		
	insgesamt	Ausländer	Ausländeranteil in v.H.
Straftaten gegen das Leben	4	2	5o
Straftaten gegen die sexuelle Selbstbestimmung	88	11	12,5
Roheitsdelikte u. Straftaten gegen die persönliche Freiheit	1.o44	2o8	19,9
Körperverletzung	757	157	2o,7
Diebstahl	4.752	685	14,4
Vermögens- und Fälschungsdelikte	1.128	11o	9,8
Sonstige Straftatbestände	2.o77	317	15,3
Straftaten insgesamt 1982	8.6o2	1.273	14,8
Straftaten insgesamt 1981	8.231	1.358	16,5

Quelle: Statistisches Jahrbuch der Stadt Bielefeld 1981, S. 176;
        zum Teil eigene Berechnungen.

In Bielefeld sind die Ausländer bei den Gewaltdelikten
überdurchschnittlich, bei Vermögensdelikten unterdurch-
schnittlich vertreten. Insgesamt ist jedoch eine Annäherung
der Kriminalitätsbelastungsziffer der ausländischen Bevölkerung an die der deutschen festzustellen. Außerdem kann für
Bielefeld im Vergleich zum Bundesdurchschnitt eine geringere
Kriminalitätsbelastung (1981: 9,7 % Ausländeranteil an Gesamtbevölkerung, 16,5 % Ausländeranteil an Straftatverdächtigen) verzeichnet werden. "Ausländer sind in Bielefeld
weder besonders häufig in Verkehrsunfälle verwickelt noch

neigen sie mehr als ihre deutschen Mitbürger zu kriminellen
Handlungen", war demnach auch im März 1983 das Resümee des
Bielefelder Polizeipräsidenten vor dem Ausländerbeirat
(NEUE WESTFÄLISCHE, 17.3.1983).

Andererseits liegt im Untersuchungszeitraum dieser Studie ein Anwachsen von Straftaten gegen die ausländische Wohnbevölkerung in Bielefeld (hier vor allem gegen die Türken)
vor. Es wurden u.a. an Autos Reifen aufgeschlitzt, ein Brand
gelegt, Wohnungsfenster eingeworfen, einem türkischen Kauf-
mann Teile der Ladeneinrichtung demoliert und anonyme oder
pseudoanonyme Schmäh- und Drohbriefe geschrieben, die Ausländern oder deutschen Bürgern und Institutionen ins Haus
flatterten, die sich für Ausländer einsetzen, wobei hier insbesondere die Dunkelziffer noch sehr groß ist (vgl. NEUE WEST-
FÄLISCHE, 17.3.1983).

Besondere Aufmerksamkeit in der Öffentlichkeit erregte ein
Vorfall im Bielefelder Ortsteil Oldentrup, wo im November
1981 25 deutsche Jugendliche eine türkische Familie kran-
kenhausreif schlugen (vgl. NEUE WESTFÄLISCHE, 26.11.1981).

2.2.9 ZUSAMMENFASSUNG

Zusammenfassend ist festzustellen, daß sich die Ausländerproblematik in ihrem Ausmaß in Bielefeld nicht wesentlich von
anderen Städten in der Bundesrepublik oder Nordrhein-Westfalens unterscheidet und das "Ausländerproblem" hier eher - wegen der zahlenmäßigen Stärke dieser ethnischen Gruppe - als
"Türkenproblem" bezeichnet werden kann. Es wird in Zukunft,
um ein gleichberechtigtes Zusammenleben unterschiedlicher
Nationalitäten gewährleisten zu können, von allen Seiten noch
größere Anstrengungen und Bemühungen erfordern, wobei der Lokalpresse eine wichtige Funktion zukommt.

3. DARSTELLUNG DES UNTERSUCHUNGSANSATZES

3.1 DESIGN DER STUDIE

Die Untersuchung geht von "typischen" inhaltsanalytischen
Variablen aus: Artikelfläche, Zahl der Bilder, Themenauf-
teilung, Kategorienhäufigkeit etc. Diese werden ein- und
zweidimensional analysiert. Ausgesuchte Variablen werden in
verschiedenen Organen verglichen (vgl. Kapitel 4).

In Anlehnung an die kommunikations- und wissenssoziologi-
schen Ausführungen wird den Selektionsinstanzen, die für die
Ausländerberichterstattung, d.h. die "news as constructed
reality" (TUCHMAN 1978) wichtig sind, besonderer Augenmerk
geschenkt. Es werden Variablen der inhaltlichen Selektion
über "Aktualitäten der ausländerbezogenen Alltagsorientie-
rungen" spezifiziert und operationalisiert (vgl. VAR 16 - 19,
VAR 47, VAR 48), indem für jedes Ereignis, das einem Inhalt
mit ausländer(-politischem) Bezug zugrunde liegt, Einschätzungen zu Formen der Relevanz abgefragt und codiert werden
(vgl. Kapitel 5).

Aus den konzeptionellen Vorbedingungen des Projektes, aber
auch aus Gründen der restriktiven Vergleichbarkeit von Ein-
Themen-Inhaltsnalysen einer begrenzten Grundgesamtheit, wurde
der formalen Dimension der Selektion, der Auffälligkeit (VAR
07) nur wenig Aufmerksamkeit geschenkt.

Bei der Analyse der u.a. auf Bewertungen an/über Ausländer
beruhenden Selektionsinstanzen wird in Abgrenzung zu bisheri-
gen inhaltsanalytischen Ausländerstudien versucht, nicht nur
pauschal die Existenz und Richtung der Bewertung abzufragen,
sondern auch zugleich den Kommunikator und Rezipienten der
Bewertungen (sowie der Handlungsanweisung und Prognose) mit
zu erheben. Diese (geschlossenen) Kommunikationsakte können
in Form von Soziogrammen zweidimensional adressiert werden:
Übersichtshalber werden sechs politisch relevante Handlungs-
trägergruppen zu diesem Zweck aus 89 Einzelakteuren recodiert
und stehen sich in einer 6 x 6-Soziomatrix gegenüber (vgl.
Kapitel 6).

Auf Grund des nicht umfangreichen Samples und der be-
schränkten Zeitungsauswahl entfällt eine denkbare vergleichende Strukturanalyse der Ausländerdarstellung in lokalen,
regionalen sowie überregionalen Boulevard- und Prestigezei-
tungen[1]. Auch die (Re-)Konstruktion einer publizistischen
Ausländerberichterstattungs-Norm (z.B. feindlich - freundlich; rechts - links), die Voraussetzung für eine fundierte
direkte Kritik der Ausländerberichterstattung einzelner Zei-
tungsorgane wäre, ist mit dem vorliegenden Sample kaum zu
realisieren.

Aus migrationssoziologischen Überlegungen und stichproben-
theoretischen Gründen wurden auch der Vergleich bestimmter Variablen über die Zeit (Trendanalyse) zurückgestellt.

3.1.1 STICHPROBE

Die Grundgesamtheit umfaßt alle Tageszeitungen, die im
Zeitraum von Januar 1981 bis Juni 1983 in der Region Bielefeld erscheinen. Außerdem befinden sich in der Grundgesamtheit alle Leserbriefe von vier der bedeutendsten Zeitschrif-
ten/Illustrierten im Zeitraum vom 1. Januar 1981 bis zum 30.
Juni 1983. (Aus aktuellen Gründen wurde der Untersuchungszeitraum um sechs Monate vom 31.12.1982 bis zum 30.6.1983 ver-
längert.)

Die Auswahleinheiten sind die jeweiligen Bielefelder Ausgaben der beiden Tageszeitungen sowie die Zeitschriften
SPIEGEL, STERN, BUNTE ILLUSTRIERTE und QUICK. Im Abschnitt
"Bewußte Auswahl" wird diese Auswahl begründet. Es handelt
sich bei der NEUEN WESTFÄLISCHEN um N = 752 Auswahleinheiten
und bei dem WESTFALEN-BLATT um N=752 Auswahleinheiten. Beim

---

1) Vgl. dazu jedoch MERTEN/RUHRMANN 1986.

SPIEGEL liegen N = 130, beim STERN N = 130, bei der BUNTEN
ILLUSTRIERTEN N = 130 und bei QUICK N = 130 Ausgaben vor.

Die Analyseeinheiten sind syntaktisch und thematisch definiert. Sie umfassen alle ausländerbezogenen Zeitungsartikel (jeglicher journalistischer Stilform) in der NEUEN WEST-
FÄLISCHEN und im WESTFALEN-BLATT sowie alle thematischen einschlägigen Leserbriefe in den Wochenzeitschriften.

Für die ausländerbezogenen Artikel wurde der Personenkreis
"Ausländer" folgendermaßen operationalisiert:
1. Ausländische Arbeitnehmer und ihre Familienangehörigen
   aus den 8 Anwerbeländern (Italien, Spanien, Griechenland,
   Türkei, Portugal, Jugoslawien, Tunesien, Marokko);
2. Aylanten, soweit ausdrücklich erkennbar ist, daß sie
   einen Asylantrag gestellt haben.
In der Bundesrepublik leben zwar noch eine ganze Reihe weiterer Ausländergruppen (z.B. aus NATO-Staaten und aus sonstigen europäischen Ländern), doch beziehen sich fast alle gegen die Ausländer in unserer Gesellschaft gerichteten Äußerungen und Handlungen, die unter den Begriff "Ausländerfeindlichkeit" gefaßt werden, auf den oben definierten Personenkreis.

Zur exakteren Eingrenzung der ausländerbezogenen Artikel
bilden wir folgende inhaltlichen Auswahlkriterien[1]:
- die Probleme der Gesellschaft der Bundesrepublik mit den
  in der Bundesrepublik lebenden Ausländern;
- die Lebensumstände der Ausländer in der Bundesrepublik;
- die Vorgänge und Sachverhalte in der Bundesrepublik, an
  denen Ausländer beteiligt sind;
- Äußerungen aus den Anwerbeländern über die Situation der
  "Gastarbeiter" und ihrer Familien in der Bundesrepublik.

---

1) Vgl. dagegen eine andere Auswahl bei MERTEN/RUHRMANN
   (1986,42 ff.),die auch Ausländer aus NATO-Ländern etwa
   als Besucher, Sportler oder Künstler berücksichtigen.

3.1.2 BEWUSSTE AUSWAHL

Da Aussagen über "ausländerfeindliche Alltagstheorien" in
der Tagespresse exemplarisch für die Region Bielefeld gemacht werden, genügt die Berücksichtigung der beiden Bielefelder Zeitungen, die hinsichtlich der Kriterien Auflage
und politische Ausrichtung deutlich voneinander differie-
ren.

Die NEUE WESTFÄLISCHE hat im vierten Quartal 1982 eine
Auflage von 212.300 Exemplaren, das WESTFALEN-BLATT hat
eine Auflage von 146.500 Exemplaren (MEDIA PERSPEKTIVEN
1983, 15).

Die politische Linie der NEUEN WESTFÄLISCHEN (organeige-
ne Bewertungen) weist leichte Präferenzen für die Union auf,
die Berichterstattung (Bewertungen insgesamt) tendiert
leicht zu Gunsten der SPD (MERTEN/RUHRMANN/SCHRÖDER/STORRL
1979).

Beim WESTFALEN-BLATT hingegen gibt es sowohl von der politischen Linie des Hauses sowie anhand der Berichterstattung deutliche Vermutungen hinsichtlich einer relativ starken Begünstigung der CDU/CSU und FDP (PROTT 1983).

Bei den Zeitschriften, wo es insbesondere um die Inhaltsanalyse von "ausländerfeindlichen Alltagstheorien" in Leserbriefen, d.h. von Wertvorstellungen geht, wurden auf Grund
der Auflagenhöhe, auf Grund von drei von KOPS (1980, 55;
1984) ermittelten relevanten soziologischen Leserfaktoren
und des Merkmales Abdruck von Leserbriefen folgende vier
Zeitschriften ins Sample genommen: SPIEGEL, STERN, QUICK
und BUNTE:

Abb. 3.1: Leserfaktoren von vier deutschen Zeitschriften

Zeit-schrift	verbreitete Auflagen 1982	Schicht[1] Faktor	Geschlechts-[2] Faktor	'Inhalts'-[3] Faktor
SPIEGEL	844.000	-.276	.183	.778
STERN	1.572.000	.272	.322	.477
QUICK	866.000	.723	.252	.126
BUNTE	1.198.000	.725	.369	.143

1) Niedrige Faktorladung; hohe soziale Schicht der Leser.
   Hohe Faktorladung: niedrige soziale Schicht der Leser.

2) Niedrige Faktorladung: männliche Leser.
   Hohe Faktorladung: weibliche Leser.

3) Niedrige Faktorladung: mehr affektive, normative
   Inhalte.
   Hohe Faktorladung: mehr technisch-instrumentelle
   Inhalte.

Die in der Tabelle ausgewiesenen Daten stimmen weitgehend
mit den in der Arbeitsgruppe Medienanalyse angegebenen Ein-
zelfaktoren überein (AG MEDIENANALYSE 1982, 56 ff.).

3.1.3 SYSTEMATISCHE AUSWAHL DER ZEITUNGSARTIKEL UND DER LESERBRIEFE

Aus der Grundgesamtheit von N = 752 Ausgaben der beiden
Bielefelder Zeitungen wurde nur jede sechste Auswahlein-
heit berücksichtigt, d.h. es wurde ein Auswahlintervall
(zeitlich), beginnend mit einem zufällig festgelegten
Startpunkt (5.1.1981) bestimmt. Dieses Verfahren (MINTZ
1943) hat sich bereits bei der Inhaltsanalyse kriminali-
tätsbezogener Berichterstattung in einem Sample von (allerdings nur) zwei Monaten bewährt. So ist nach je sechs Wochen genau die "künstliche Woche" (DAVIS/TURNER 1951,
762 f.) im Sample enthalten. Bei Feiertagen im Sample wird
die jeweilige (vorhergehende) Ausgabe berücksichtigt. Der
Rhythmus der künstlichen Woche wird aber beibehalten. Eine
unerwünschte Inferenz mit der Periodizität des produzierten ausländerbezogenen Inhalts ist dabei stichprobenweise
geprüft und nicht festgestellt worden. Man erhält folgende
Stichtage der Untersuchung (vgl. Abb. 3.2).
   Untersucht werden nach dieser systematischen Auswahl in
der NEUEN WESTFÄLISCHEN von N = 1.524 ausländerbezogenen
Artikeln n = 273 (= 16,9 %), im WESTFALEN-BLATT von N =
1.103 ausländerbezogenen Artikeln n = 239 (= 21,7 %) Artikel in einer systematischen Inhaltsanalyse.
   Im SPIEGEL werden n = 56, im STERN n = 100, in QUICK
n = 22 und in der BUNTEN n = 8 Leserbriefe berücksichtigt.

Abb. 3.2: Stichtage des Untersuchungszeitraumes für
NW und WB: "Künstliche Woche" nach
DAVIS/TURNER (1951, 762 f.)

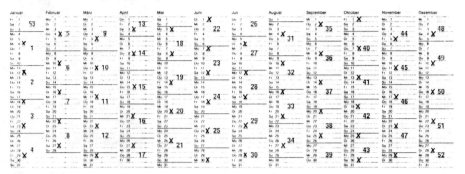

3.2 BISHERIGE 'INHALTSANALYTISCHE' STUDIEN ÜBER AUSLÄNDERBERICHTERSTATTUNG

Es soll hier versucht werden, anhand systematisierter Merkmale eine kurze Besprechung von sechs Untersuchungen über ausländerbezogene Medienberichterstattung in der Bundesrepublik Deutschland vorzunehmen (vgl. Abb. 3.3).

Studie 1

Manuel DELGADO: Die "Gastarbeiter" in der Presse. Eine inhaltsanalytische Studie. Opladen 1972.

Nach Aussage des Verfassers handelt es sich hier um die erste Analyse von "Problemen der ausländischen Arbeitnehmer in der BRD". Die Fragestellung der Studie lautet: Wie werden Informationen über "Gastarbeiter" in 84 nordrhein-westfälischen Tageszeitungen vermittelt? Außerdem sollen der Bedeutungswandel vermittelter Informationen, Änderungen angewandter Darstellungstechniken der Berichterstattung über die Nationalitäten der "Gastarbeiter" untersucht werden. Folgende Annahmen werden gemacht (DELGADO 1972, 14-17):

1. Die Presse schreibt das, was die Menschen wollen, wobei eine "ambivalente bis negative" Einstellung der deutschen Bevölkerung zu den ausländischen Arbeitnehmern vorerst ungeklärt bleibt.

2. Nachrichten können vorhandene Haltungen festigen oder Grundlagen zu neuen Überlegungen legen, wobei die Kenntnisnahme bestimmter Argumente von ihrer Häufigkeit und der Aufnahmebereitschaft des Lesers für bestimmte Inhalte abhängt.

3. In der Berichterstattung über "Gastarbeiter" zeichnet sich eine Tendenz der zusammenfassenden Verallgemeinerung von stark differenzierten Tatbeständen ab.

4. Der suggestiven Aussagekraft der Pressemitteilung kommt wahrscheinlich eine große Bedeutung für die Einstellung der deutschen Bevölkerung zu den ausländischen Arbeitnehmern zu.

Abb. 3.3: Synopsis bisheriger Untersuchungen über ausländerbezogene Medienberichterstattung in der BRD und Österreich

Merkmale	DELGADO 1972	ROTHAMMER 1974	EULGEM u.a. 1980	HEINE 1980	SEGAL 1981	AKTAN 1981
Theorie der Ausländerfeindlichkeit	NEIN (Diskussion der Gastarbeiterproblematik	NEIN	NEIN	NEIN	NEIN (Diskussion der Gastarbeiterproblematik)	NEIN
Kontext der Untersuchung	Auftragsstudie, Landeszentrale für Politische Bildung	Auftragsstudie Stadt Nürnberg	TU Berlin: Preprint zur Medienwissenschaft	Veröffentlichung FHSVR Berlin (Autorengr. Ausländerforschung)	Dissertation (in Salzburg)	Dissertation (Auszug) Uni München
Jahr der Untersuchung	1971	1974	1979	1980	1978	1977
Zahl der untersuchten Organe	84	3	1	8	5	3
Sample	Überregional Regional Lokal	Regional Lokal	Regional (TV)	Regional + überregional Überregional Alternativzeitung	Regional Lokal	HÜRRIET TERCÜMAN MILLIYET
Zeitraum der Erhebung	5/66 - 8/69	1972 - 1973	12 Monate	12 Wochen	4 Quartale (1963 - 1975)	1 Woche
Zahl der untersuchten Tage	N.N.	165	16	75 (62)	N.N.	6
Erhebungseinheit	tägl. Ausgabe	tägl. Ausgabe	tägl. Ausgabe	tägl. Ausgabe	N.N.	tägl. Ausgabe
Analyseeinheit	alle Gastarbeiterartikel	alle Ausländerartikel	"Nachrichteneinheiten"	alle Ausländerartikel	alle Gastarbeiterartikel	alle Beiträge der Europaausgabe

analysierte Seiten	N.N.	Lokalteil	./.	N.N.	N.N.	alle Seiten
Zahl der untersuchten Artikel	3.o69	263	48	514	1.398	1.25o
Auswahl in bezug auf Repräsentativität begründet	bedingt; keine Stichprobe	bedingt; keine Stichprobe	NEIN	bedingt; keine Stichprobe	NEIN	N.N.
Bemerkungen und Besonderheiten	Formulierung von 5 Hypothesen (Instrumentalmodell der medialen Kommunikation); Auswahl der Kategorien bzw. Variablen methodisch widersprüchlich; ausführliche Ergebnisdiskussion; in der wissenschaftlichen Diskussion wird die Studie erwähnt und verwendet	Keine quantitative Auswertung; Variablen und Kategorien willkürlich, unübersichtliche Ergebnisdarstellung; wissenschaftlich und praktisch ohne Bedeutung	Unbrauchbare Auswertung, keine verallgemeinerungsfähigen Ergebnisse	Schwache Auswertung; mit Bezügen zu DELGADO 1972	Überdimensionierte Studie; Hypothesen nicht operationalisiert, Ergebnisse einer politökonomischen Medieneinschätzung fragwürdig, z.T. dilettantische Auswertung	Als Themananalyse türkischer Zeitungen in Deutschland erwähnenswert; zusätzlich auch kurze Analysen türkischer Illustrierten, Rundfunksendungen u. speziellen TV-Programmen für Türken in der BRD; zu knappe Auswertung und nur ansatzweise verallgemeinerbar

5. Durch sensationell aufbereitete Information verbreitet die Presse Vorurteile.

Die vorliegende Untersuchung versteht sich als quantitative Inhaltsanalyse von 3.096 Artikeln der Presse in
Nordrhein-Westfalen. Das Kategoriensystem ist nicht
theoretisch abgeleitet, nicht vollständig bzw. seine
Geschlossenheit wird nicht logisch begründet. Besonders
mangelhaft ist die ungenügende wechselseitige Exklusi-
vität der Kategorien. Ferner ist das verwendete Kategoriensystem nicht immer einheitlich. Erschwert sind damit Vergleichsuntersuchungen (vgl. REIMANN 1976; HEINE
1980; SEGAL 1981; vgl. Abb 1.1).

Die Hypothesen, soweit sie im Ergebnisteil wieder auf-
gegriffen werden, können bestätigt werden, wobei DELGADO
aus der Fülle seiner Daten zusätzlich induktive Hypothesen erstellt.

Studie 2

Peter ROTHAMMER: Integration ausländischer Arbeitnehmer und ihrer Familien im Städtevergleich. Probleme Maßnahmen Steuerungsinstrumente. Berlin 1974.
Hier: Probleme ausländischer Arbeitnehmer im Spiegel
der Berichterstattung der Nürnberger Lokalpresse.

Diese Studie zielt vor allem darauf ab, dem Auftraggeber
(Stadt Nürnberg) relevante Informationen über die Darstellung der Ausländerproblematik einer Kommune zu geben. Die Analyse wird theoretisch nicht angeleitet. Hypothesen oder verallgemeinerungsfähige Aussagen werden an
keiner Stelle der Studie versucht. Die Presseberichte werden nur chronologisch aufgelistet und mit Stichworten
(Probleme der Ausländer und ausländerpolitisch relevanter
Handlungsträger) zusammengefaßt: Ein inhaltsanalytisches
Kategoriensystem wird also nur ansatzweise erstellt und
ausgewertet, wobei die qualitative Zusammenfassung der
Berichte sehr unübersichtlich ist. Über die organspezi-
fischen Unterschiede der drei untersuchten Nürnberger
Zeitungen wird nichts mitgeteilt.

Studie 3

Birgit EULGEM, Richard KACZMARZIK, Elke WEISER:
Meldungen und Filmberichte der "Berliner
Abendschau" über den türkischen Bevölkerungsteil
in Berlin (West). Berlin 1980.

Diese Inhaltsanalyse des FB Medienwissenschaften der
TU Berlin geht von einer Unterrepräsentanz der Türken
in den sog. Nachrichteneinheiten der untersuchten Fern-
sehsendung aus, indem der reale Bevölkerungsanteil der
Türken in Berlin (5 %) mit dem Anteil "türkischer" Themen (1,65 %) verglichen wird. Die Zulässigkeit dieses
Vergleiches (ohne irgendwelche Gewichtung!) wird ebenso-
wenig problematisiert wie die Behauptung, die Sendung
würde nicht die Lebensgewohnheiten der Türken den Berli-
nern näherbringen. Die Autoren gehen davon aus, daß es
vor allem die Medien sind, die "durch fehlende oder fal-
sche Information die alleinige Schuld an den entstandenen Mißständen und Problemen den Türken in die Schuhe
schieben" (107). Die Studie verwendet keine theoretisch
abgeleiteten Hypothesen und dokumentiert eine eher zwei-
felhafte Auszählung von Themen. Keine Gültigkeit können
die aus den Daten gezogenen Schlußfolgerungen über das
Verhalten der Berliner Institutionen beanspruchen.

Studie 4

Elke HEINE: Ausländer in der veröffentlichten
Meinung - Perspektiven einer Integration.
Berlin 1980).

Diese Arbeit ist im Kontext einer größeren Untersuchung
von Straftaten, der Strafverfolgung und der Resoziali-
sierung von Ausländern in Berlin entstanden. Ausgangspunkt ist die Behauptung, daß Auswahl und Darstellung
der Presseinformationen, die der Bürger über Ausländer
erhält, den Erfolg oder das Scheitern jeglicher Integra-
tions- und Resozialisierungsversuche beeinflussen (586).
Außerdem wird danach gefragt, "welche Presseerzeugnisse
mit welcher Darstellung welches Ziel verfolgen und dadurch notwendige Veränderungen in der Ausländerpolitik
behindern oder ermöglichen" (586).

Mit Hinweis auf DELGADO (1972) postuliert die Autorin
im Zusammenhang mit der sich wandelnden Thematik ("zwei-
te Generation", "Integration", "Asylanten") ein "diffe-
renzierteres (!) Kategoriensystem" (586). Die Fragestel-
lungen der Studie beziehen sich auf ausländerspezifische
Themen. Handlungsträger (Personifizierung), Werthaltungen und Wirkungen der festgestellten Zeitungsinhalte auf
das Meinungsbild der Rezipienten. Im Zeitraum von zwölf
Wochen werden 514 Artikel von Berliner Tageszeitungen
und von zum Teil überregionalen Kleinzeitungen ("Die
Wahrheit", "Die Neue" und "Die Tageszeitung") analysiert.
Bei den allgemeinen Ausländerthemen dominieren Artikel
mit "politischer Auseinandersetzung" (31 %) und "Kriminalität" (20 %), wobei zwischen den einzelnen Zeitungen
teilweise starke Unterschiede bestehen. Bei den Handlungsträgern dominieren Einzelpolitiker, Exekutive (Polizei)
sowie ausländerfeindliche Organisationen.
Die Presse erfaßt die Ausländerfeindlichkeit relativ dif-
ferenziert, wobei in den Artikeln die Tendenz besteht,
Probleme der Ausländer aus deutscher Sicht zu beschreiben.
Als negative Wirkung der Ausländerberichterstattung wird
u.a. festgehalten, daß die Überbetonung der Andersartigkeit durch die Presse dem deutschen Leser eine Projektion
seiner Ängste erlaube. Die vorgelegten Ergebnisse bzw. an-
gewandten Techniken der Inhaltsanalyse vermögen diese Befunde jedoch nicht zu decken.

Studie 5

Michael SEGAL: Das Bild der Gastarbeiter in der
Presse. Eine inhaltsanalytische Untersuchung von
Printmedien in Salzburg und München.
München 1981.

Diese Studie versucht, Auswirkungen der konjunkturellen
Situation auf die Berichterstattung über "Gastarbeiter"
nachzuzeichnen. Untersucht werden 1.398 Artikel aus
fünf Münchner/Salzburger Zeitungen in vier Quartalen
aus - für volkswirtschaftlich signifikant gehaltenen -
Wirtschaftszyklen im Zeitraum von 1963 - 1975. Im ökonomischen Bereich der Studie werden migrationssoziologi-

sche Befunde anhand von vorliegenden Quellen aufgearbei-
tet, ohne daß eine zur Medienanalyse korrespondierende
Theorie herausgearbeitet wird.

Der Abschnitt "Gastarbeiter und Massenmedien" besteht aus
Verweisen auf DELGADO (1972) und REIMANN (1976) und dis-
kutiert hauptsächlich das Medienangebot für ausländische
Arbeitnehmer (vgl. dazu ATKAN 1981).

Der empirische Teil formuliert drei Hypothesen:

(1) Die Zahl der "Gastarbeiter" beeinflußt das Ausmaß
    der Berichterstattung.

(2) Soziale Auffälligkeiten im Zusammenhang mit "Gast-
    arbeitern" dominieren jederzeit die Berichterstat-
    tung, wobei stets die Gefährlichkeit der ausländi-
    schen Arbeitnehmer im Vordergrund steht.

(3) Die konjunkturelle Entwicklung spiegelt sich in der
    Berichterstattung wider.

Gerade im Zusammenhang mit dieser dritten Hypothese wird
über die Auswahlkriterien der vier "unterschiedlichen
konjunkturellen Phasen" (die Jahre 1963, 1964, 1972,
1975) allerdings nichts mitgeteilt.

Die drei Hypothesen gelten als verifiziert, wobei im Zusammenhang mit der dritten Hypothese und in Ergänzung zu
DELGADO (1972) ermittelt wird, daß die Berichterstattung
in "bemerkenswerter Korrelation (!)" (799) mit dem Kon-
junkturablauf verläuft. Die Validität dieser Behauptung
kann angezweifelt werden.

Studie 6

Mehmet ATKAN: Gastarbeiter und Massenmedien.
Ghettosituation im massenkommunikativen
Bereich. Berlin 1981.

Im Rahmen einer Dissertation, die die Zeitschrift
MIGRATION in Auszügen veröffentlicht, skizziert ATKAN
in Ansätzen "Funktionen des Medienangebotes für die
ausländischen Arbeitnehmer in der BRD". Wohl erstmals
werden inhaltsanalytisch türkische Radioprogramme, Zeitungen und Zeitschriften, die in der Bundesrepublik
zugänglich sind, untersucht. Von der hier interessie-

renden Presse (drei türkische Zeitungen) werden 1.250
Artikel nach Themen und Handlungsträgern analysiert. Die
Darstellung der Ergebnisse ist viel zu kurz und ermöglicht daher keine gesicherten Erkenntnisse über den Inhalt türkischer Zeitungen. Allerdings zeichnet sich die
Tendenz der drei untersuchten türkischen Zeitungen ab,
"daß sie ihrer Aufgabe der Informationsvermittlung der
deutschen Gesellschaft nicht nachkommen, sondern in ge-
wissem Sinne sogar verhindern" (85).

KRITISCHES RESÜMEE

Die bisher vorgestellten Untersuchungen, die synoptisch
in Abb. 3.3 zusammengefaßt werden, verdeutlichen die
desolate Forschungslage. Die wesentlichen Schwächen der
meisten Studien liegen

a) in der fehlenden theoretischen Anleitung der Untersuchung,

b) in einer mangelnden methodischen Vergleichbarkeit,
   u.a. auf Grund nicht eingehaltener bzw. unbekannter
   Standards bei der Erstellung des Erhebungsinstrumen-
   tes und der Dokumentation der Ergebnisse. Häufig ist
   die Repräsentativität der vorgenommenen Auswahl
   ungewiß.

Man kann diese Schwächen mit dem Hinweis relativieren,
daß entsprechende Medienanalysen anderer gesellschaftlich relevanter Themen (z.B. Drogen-Berichterstattung,
Homosexuellen-Berichterstattung, Wissenschaftsjourna-
lismus u.a.) mit ähnlichen Mängeln konfrontiert sind.
Die Aufklärung des Ausländerproblems durch die Sozialforschung geschieht langsam und "post festum". So führt
möglicherweise die Ausländerforschung nicht zu den Er-
gebnissen, die das politische System als Legitimations-
hilfe, d.h. zur eigenen "Resonanzverstärkung" (vgl.
LUHMANN 1986) erwartet.

II. ERGEBNISSE DER UNTERSUCHUNG

4. DAS AUSLÄNDERTHEMATISCHE INFORMATIONSANGEBOT DER UNTERSUCHTEN ORGANE

4.1 ÜBERSICHT ÜBER DIE FORMALEN GRÖSSEN DER AUSLÄNDERBERICHTERSTATTUNG

Grundlage der vorliegenden Untersuchung sind 702 ausländerbezogene Zeitungsartikel und Leserbriefe der beiden Bielefelder Lokalzeitungen NEUE WESTFÄLISCHE und WESTFALEN-BLATT und der Wochenzeitschriften SPIEGEL, STERN, QUICK und BUNTE ILLUSTRIERTE, die im Zeitraum vom 1. Januar 1981 bis zum 30. Juni 1983 erschienen. Die einzelnen Beiträge verteilen sich folgendermaßen auf die jeweiligen Zeitungen (vgl. Abb. 4.1):

Abb. 4.1: Anzahl der ausländerbezogenen Artikel und Leserbriefe im Zeitraum 1/1981 bis 6/1983

Organ	Artikel	Leserbriefe	zus.
NEUE WESTFÄLISCHE	254	19	273
WESTFALEN-BLATT	235	8	243
SPIEGEL	–	56	56
STERN	–	100	100
QUICK	–	22	22
BUNTE	–	8	8
zus.	489	213	702

Wie der Abbildung zu entnehmen ist, entfallen bei den Tageszeitungen 273 oder 52,9 % aller Ausländerartikel (einschließlich Leserbriefe) auf die NEUE WESTFÄLISCHE und 243 oder 47,1 % auf das WESTFALEN-BLATT. Vergleicht man das mit der Fläche der Artikel, die ebenfalls erhoben worden ist, kann eine ähnliche Verteilung festgestellt werden, 53,7 % in der NEUE WESTFÄLISCHE und 46,3 % im WESTFALEN-BLATT.

Während bei der NEUEN WESTFÄLISCHEN und beim WESTFALEN-BLATT alle Beiträge jeweils der "künstlichen Woche" entstammen (vgl. Teil 3.1.3), wurden bei den Wochenzeitschriften alle ausländerbezogenen Leserbriefe berücksichtigt. Bei

den Leserbriefen (und natürlich auch bei den Artikeln)
handelt es sich nicht nur um ausländerfeindliche, d.h.
gegen die Anwesenheit der Ausländer in der Bundesrepublik
Deutschland gerichtete Äußerungen, sondern um alle, bei
denen der von uns operationalisierte Personenkreis "Ausländer" (vgl. Teil 3.1.1) Erwähnung gefunden hat.

Da in der NEUEN WESTFÄLISCHEN nur 7 % und im WESTFALEN-
BLATT 3,3 % aller Beiträge auf die Gattung Leserbrief entfallen (absolute Zahlen vgl. Abb. 4.1), werden sie in den
nachfolgenden Ausführungen keine besondere Aufmerksamkeit
erfahren und bei der Beschreibung der bei dieser Untersuchung erhobenen Variablen und ihren Ausprägungen mit den
anderen journalistischen Stilformen gleichberechtigt be-
handelt.

Die überregionale und die lokale Verteilung der Artikel zeigt Abb. 4.2:

Ab. 4.2: Überregionale und lokale Berichterstattung in
der NEUEN WESTFÄLISCHEN und im WESTFALEN-BLATT

Plazierung der Artikel (VAR 15)	NEUE WESTFÄLISCHE		WESTFALEN-BLATT		zusammen	
	Anzahl	Anteil in v.H.	Anzahl	Anteil in v.H.	Anzahl	Anteil in v.H.
Erste Seiten (überregional)	100	37,3	98	41,2	198	39,1
Lokalteil	168	62,7	140	58,8	308	60,9
zus.	268	53,0	238	47,0	506	100

Die Abbildung zeigt, daß beide Lokalzeitungen überregional
absolut fast genauso häufig über ausländerspezifische Themen berichten (NW: 100 Artikel; WB: 98 Artikel). Im Lokalteil dagegen erscheinen in der NEUEN WESTFÄLISCHEN mit 168
Artikeln im Vergleich zum WESTFALEN-BLATT mit 140 Artikeln
9,1 % mehr Beiträge über Ausländer. Damit mißt die NEUE
WESTFÄLISCHE der Ausländerberichterstattung vor Ort mehr
Bedeutung bei als ihre Konkurrenzzeitung.

4.1.1 JOURNALISTISCHE STILFORMEN

Agenturnachrichten, Mischformen (Agenturnachrichten und
eigene Berichte) und Korrespondentenberichte kommen in beiden Zeitungen fast ausschließlich im überregionalen Teil
vor, was zu erwarten war. Die Agenturnachrichten dominieren
hier absolut und relativ in ihrer Häufigkeit (78 % in der
NEUEN WESTFÄLISCHEN und 63,3 % im WESTFALEN BLATT).
   Im Lokalteil überwiegen eindeutig die organeigenen Berichte und die Reportagen, die in beiden Zeitungen insgesamt auch die häufigsten Stilformen sind, wobei in der
NEUEN WESTFÄLISCHEN mit 111 organeigenen Artikeln (=66,1 %
aller Artikel dieses Organs im Lokalteil) gegenüber 77 im
WESTFALEN-BLATT (=55 %) diese Stilform am meisten vorkommt.

4.1.2 AUFMACHUNG UND HERVORHEBUNG

Aufmerksamkeit erzielt ein Inhalt u.a., wenn er in der
Zeitung formal durch eine bestimmte Auffälligkeit, wie
z.B. eine farbliche Hervorhebung der Überschrift, des
Textes oder des Untergrundes, oder durch eine auffällige
Kastenlinie um den gesamten Artikel, gekennzeichnet ist.
   In 27,5 % aller Tageszeitungsberichte über Ausländer
finden Formen der Hervorhebung eine Anwendung. Davon ent-
fallen 27,1 % auf die NEUE WESTFÄLISCHE und 28 % auf das
WESTFALEN-BLATT. Die folgende Abbildung stellt die Häufig-
keiten im Haupt- und Lokalteil dar (vgl. Abb. 4.3):

Abb. 4.3: Hervorhebungen bei Artikel im überregionalen
          und lokalen Teil der NEUEN WESTFÄLISCHEN und
          des WESTFALEN-BLATTES

Hervorhebungen im überregionalen Teil (VAR 07)	NEUE WESTFÄLISCHE		WESTFALEN-BLATT		zusammen	
	Anzahl	Anteil in v.H.	Anzahl	Anteil in v.H.	Anzahl	Anteil in v.H.
NEIN	70	70,0	75	76,5	145	73,2
JA	30	30,3	23	23,5	53	26,8
zusammen:	100	50,5	98	49,5	198	100

	NEUE WESTFÄLISCHE		WESTFALEN-BLATT		zusammen	
Hervorhebungen im Lokalteil (VAR 06)	Anzahl	Anteil in v.H.	Anzahl	Anteil in v.H.	Anzahl	Anteil in v.H.
NEIN	127	75,6	95	67,9	222	72,1
JA	41	24,4	45	32,1	86	27,9
zusammen:	168	54,5	140	45,5	308	100

Beide Lokalzeitungen machen im Lokalteil häufiger vom Mittel
der Hervorhebung Gebrauch. Beim WESTFALEN-BLATT geschieht
das in 45 oder 32,1 % der Artikel und bei der NEUEN WEST-
FÄLISCHEN wird in 41 oder 24,4 % aller Fälle mehr Aufmerksamkeit für ausländerbezogene Beiträge erzeugt. Im überregionalen Teil hingegen sind in der NEUEN WESTFÄLISCHEN mit
30 Beiträgen (= 30 % aller Artikel der NW in diesem Teil)
gegenüber dem WESTFALEN-BLATT mit 23 Artikeln (= 23,5 %)
mehr formale Hervorhebungen festzustellen.

4.1.2.1 GEBRAUCH VON FOTOS

Eine weitere Möglichkeit, Rezipienten auf Artikel aufmerksam zu machen, ist der Einsatz von Fotos[1]. 23,9 % (= 58
Artikel) aller Ausländerbeiträge des WESTFALEN-BLATTES werden durch mindestens ein Foto hervorgehoben, dagegen sind
es bei der NEUEN WESTFÄLISCHEN nur 19 % (= 52 Artikel).
   Hauptsächlich im Lokalteil kommen in beiden Zeitungen
Fotos zur Anwendung (NW: 42 Artikel mit Fotos; WB: 46),
während im überregionalen Teil von dieser Art der Hervorhebung in der Ausländerberichterstattung weniger Gebrauch gemacht wird (NW: 9 Artikel mit Fotos; WB: vgl. Abb. 4.4)

---

1) Zur Verarbeitung von Bildern durch den Rezipienten
   vgl. statt anderer ISFORT(1986, 21 ff.).

Abb. 4.4: Anzahl der Artikel mit Fotos in den beiden
Bielefelder Tageszeitungen

Anzahl der Abbil- dungen pro Artikel im überregionalen Teil (VAR 08)	NEUE WESTFÄLISCHE	WESTFALEN-BLATT	zusammen
	A n z a h l		
1	9	9	18
2	0	1	1
5	0	1	1
zusammen:	9	11	20

Anzahl der Abbil- dungen pro Artikel im Lokalteil (VAR 8)	NEUE WESTFÄLISCHE		WESTFALEN-BLATT		zusammen	
	Anzahl	Anteil in v.H.	Anzahl	Anteil in v.H.	Anzahl	Anteil in v.H.
1	32	76,2	36	78,3	68	77,3
2	8	19,0	6	13,0	14	15,9
3	2	4,8	3	6,5	5	5,7
8	0	0,0	1	2,2	1	1,1
zusammen:	42	47,7	46	52,3	88	100

In beiden Bielefelder Zeitungen überwiegen die Artikel mit
nur einem Foto. Auffallend ist beim WESTFALEN-BLATT ein
Beitrag mit 8 Fotos im Lokalteil. Hier handelt es sich um
einen Bericht über den 2. Bielefelder Wandertag im Mai 1983,
wo auch eine Gruppe tanzender Ausländer auf einem Foto auf-
geführt ist. Außerdem ragt in dieser Zeitung im überregionalen Teil ein Beitrag mit 5 Fotos hervor. Diese Fotos illu-
strieren einen zweiseitigen Bericht über die Cap Anamur,
einem Rettungsschiff für vietnamesische Flüchtlinge im Süd-
chinesischen Meer, im Wochenmagazin, einer regelmäßigen
Beilage in der Samstagsausgabe, am 27. Februar 1982.

Wie im überregionalen Teil, so liegt das WESTFALEN-
BLATT auch im Lokalteil mit der Anwendung optischer Her-
vorkehrungen in 46 Beiträgen oder 32,9 % der insgesamt 140
Ausländerartikel dieser Zeitung gegenüber der NEUEN WESTFÄ-
LISCHEN mit 42 oder 25 % aller 168 Pressebeiträge über Aus-
länder vorn.

Des weiteren aufschlußreich sind die Inhalte der Fotos, die von den beiden Tageszeitungen zur Ausländerberichterstattung herangezogen werden. Dieser Punkt berührt zwar schon inhaltliche Kriterien der Berichterstattung, er soll aber aus pragmatischen Gründen an dieser Stelle erläutert werden.

Bei den Inhalten der Fotos der beiden Lokalzeitungen fällt auf, daß sie im WESTFALEN-BLATT in 36,2 % (= 21 Beiträge) aller 58 Artikel mit Fotos alleine Inländer, d.h. deutsche Bürger, darstellen, während es bei der NEUEN WEST-FÄLISCHEN nur 26,9 % (= 14 Beiträge von 52 Artikeln mit Fotos) sind. Am häufigsten werden dagegen in der NEUEN WEWSTFÄLISCHEN Ausländer in positiver Art und Weise abgedruckt (= 30,8 % oder 16 Artikel) und am dritthäufigsten positiv interagierende Ausländer und Inländer (= 19,2 % oder 10 Artikel). Die Prozentzahlen für diese beiden zuletzt genannten Ausprägungen sehen beim WESTFALEN-BLATT mit 31 % (= 18 Beiträge) bzw. 19 % (= 11 Beiträge) ähnlich aus.

Eine negative Darstellung von ausländischen Bürgern gibt es in der NEUEN WESTFÄLISCHEN viermal und im WESTFALEN-BLATT nur zweimal, in allen Fällen ausschließlich im Lokalteil. Noch seltener beinhalten die Fotos eine negative Darstellung von Inländern mit Ausländern (Interaktion), die jeweils nur einmal in jeder der beiden Zeitungen im überregionalen Teil auftritt (vgl. Abb. 4.5).

Abb.4.5: Inhalte der Fotos von Ausländerartikeln in der NEUEN WESTFÄLISCHEN und im WESTFALEN-BLATT

Inhalte der Abbildungen im überregionalen Teil (VAR 09)	NEUE WESTFÄLISCHE	WESTFALEN-BLATT	zusammen
		Anzahl	
Interaktion (positiv)	0	1	1
Interaktion (negativ)	1	1	2
Ausländer (positiv)	2	4	6
Inländer	3	4	7
Anderes	3	1	4
zusammen:	9	11	20

	NEUE WESTFÄLISCHE		WESTFALEN-BLATT		zusammen	
Inhalte der Ab-bildungen im Lokalteil (VAR 09)	Anzahl	Anteil in v.H.	Anzahl	Anteil in v.H.	Anzahl	Anteil in v.H.
Interaktion (positiv)	10	23,8	10	22,2	20	23,0
Ausländer (positiv)	13	31,0	13	28,9	26	29,9
Ausländer (negativ)	4	9,5	2	4,4	6	6,9
Symbole	2	4,8	0	0,0	2	2,3
Inländer	11	26,2	17	37,8	28	32,2
Anderes	2	4,8	3	6,7	5	5,7
zusammen:	42	48,3	45	51,7	87	100

Eine negative optische Hervorhebung von Ausländern in ausländerspezifischen Beiträgen bleibt damit mehr eine Randerscheinung.

Im Lokalteil veröffentlichen beide Tageszeitungen absolut genauso häufig Fotos mit positiver Darstellung von Auslän-dern (je 10 mal positive Interaktion und je 13 mal positive Darstellung von Ausländern). Unterschiede sind im Lokal-teil bei den Inhalten der Fotos insbesondere bei der Dar-stellung von Inländern festzustellen: Das WESTFALEN-BLATT bringt 17 Artikel mit derartigen Fotos und die NEUE WEST-FÄLISCHE 11 Beiträge.

4.1.2.2 GRÖSSEN UND INHALTE DER ÜBERSCHRIFTEN

Eine wichtige Funktion für die Hervorhebung und Betonung von Artikeln kommt der Überschrift zu, wobei sowohl die Größe als auch der Inhalt für die Erzeugung von Aufmerksam-keit beim Rezipienten eine Rolle spielt[1]. Nachfolgend sol-len beide Ausprägungen und ihre Anwendung in der Ausländer-berichterstattung der beiden Bielefelder Zeitungen kurz be-schrieben werden.

---

1) Vgl. dazu ausführlicher van DIJK (1986c, 5 ff.).

Bei der Verteilung der verschiedenen Größenabstufungen
der Überschriften von Ausländerartikeln in der NEUEN WEST-
FÄLISCHEN und im WESTFALEN-BLATT lassen sich zwischen den
beiden Presseorganen kaum nennenswerte Unterschiede feststellen (vgl. Abb. 4.5):

Abb. 4.6: Größe der Überschriften in der NEUEN
WESTFÄLISCHEN und im WESTFALEN-BLATT

Größe in qcm (VAR 11)	NEUE WESTFÄLISCHE		WESTFALEN-BLATT		zusammen	
	Anzahl	Anteil in v.H.	Anzahl	Anteil in v.H.	Anzahl	Anteil in v.H.
bis 10	111	41,6	96	42,1	207	41,8
bis 30	73	27,3	69	30,3	142	28,7
bis 50	59	22,1	43	18,9	102	20,6
bis 100	24	9,0	20	8,8	44	8,9
zusammen:	267	53,9	228	46,1	495	100

Die prozentualen Anteile der beiden Zeitungen an der Ge-
samtfläche der Überschriften stimmen mit ihrem Anteil an
der Gesamtzahl der Artikel ebenfalls fast überein[1].

Neben der Größe einer Überschrift, die beim Leser optisch
Aufmerksamkeit weckt, muß vor allem die inhaltliche Aussage
der Überschrift beachtet werden. Nicht selten orientiert
sich ein Rezipient an ihr, da er von der Überschrift Auf-
schlüsse über den Inhalt des Artikels erwartet. Oftmals
gibt es aber in Zeitungsbeiträgen Widersprüche und Inkongruenzen zwischen dem Inhalt eines Artikels und der Aussage
der Überschrift. Das kann ebenfalls bei einer Reihe von ausländerbezogenen Artikeln der beiden Bielefelder Tageszeitungen festgestellt werden (vgl. Abb. 4.7):

---

1) Nur sechs Ausländerbeiträge in der NEUEN WESTFÄLISCHEN
und 15 im WESTFALEN-BLATT haben keine Überschriften. Es
handelt sich hier vorwiegend um Ankündigungen von Ver-
anstaltungen und Kurznachrichten.

Abb. 4.7: Inkongruenzen zwischen Artikel und Überschrift
in der NEUEN WESTFÄLISCHEN und im WESTFALEN-BLATT

Inkongruenzen zw.Artikel/ Überschrift (VAR 13)	NEUE WESTFÄLISCHE		WESTFALEN-BLATT		zusammen	
	Anzahl	Anteil in v.H.	Anzahl	Anteil in v.H.	Anzahl	Anteil in v.H.
Keine Inkon- gruenzen	154	56,4	103	42,4	257	49,8
Angstab- schwächung	11	4,0	6	2,5	17	3,3
Angstver- stärkung	15	5,5	12	4,9	27	5,2
Assoziation (positiv)	26	9,5	33	13,6	59	11,4
Assoziation (negativ)	29	10,6	44	18,1	73	14,1
Bewertung	33	12,1	42	17,3	75	14,5
Handlungs- anweisung	5	1,8	2	0,8	7	1,4
zusammen:	273	52,9	242	47,1	515	100

Die Hälfte aller 516 Ausländerartikel der Lokalzeitungen
weisen Widersprüche zwischen Artikel und Überschrift auf.

Eindeutig häufiger kommen Artikel mit derartigen Inkongruenzen im WESTFALEN-BLATT in 57,6 % aller Ausländerbeiträge zur Anwendung, in der NEUEN WESTFÄLISCHEN sind es
dagegen 43,6 %.

Negative Assoziationen, die durch vage Formulierungen in
der Überschrift im Vergleich zum Artikel geweckt werden,
treten am häufigsten mit 18,1 % im WESTFALEN-BLATT auf (in
der NEUEN WESTFÄLISCHEN nur 10,6 %), gefolgt von Bewertungen und Kommentaren in der Überschrift, die sich auf die
Information des Artikels beziehen, mit 17,3 % (NEUE WEST-
FÄLISCHE: 12,1 %). An dritter Stelle folgen bei beiden Zeitungen die positiven oder "neutralen" Assoziationen, die
besagen, daß der Rezipient nach dem Lesen der Überschrift
vom Inhalt des Artikels etwas völlig Anderes erwartete, als
die Überschrift vermuten ließ .

Alle hier gemachten Aussagen über das Ausmaß der Anwendung von verschiedenen Formen der Hervorhebung in der Be-

richterstattung über Ausländerthemen müssen deskriptiv
bleiben, da eine ausführlichere Untersuchung den Rahmen
dieser Studie sprengen würde: Aus publizistischer und mi-
grationssoziologischer Sicht von Kommunen erscheint uns
eine mehrdimensionale Analyse formaler Variablen erst dann
sinnvoll, wenn die Berücksichtigung eines repräsentativen
Samples von Regionalzeitungen die verallgemeinerbare Rekonstruktion einer (von mehreren Zeitungsorganen selbst
erzeugten) Norm formaler Selektivität zuließe (vgl. PROTT
1983; MERTEN 1983, 241 f.).

4.2 DARSTELLUNG DER AUSLÄNDERBEZOGENEN INHALTE

4.2.1 THEMENSCHWERPUNKTE IN DER BERICHTERSTATTUNG ÜBER AUSLÄNDER

Als Selektionskriterium für die Auswahl eines Artikels gilt,
daß zumindest ansatzweise ein Ausländerproblem auf der Grundlage unserer Untersuchungsvariablen im Text des Beitrages
benannt wurde oder die Ausländerproblematik in der Überschrift oder auf einem Foto eine besondere Hervorhebung
erfuhr.

Für die Erfassung und Analyse der ausländer- und "asylanten"thematischen Schwerpunkte, die durch die von uns untersuchten Massenmedien im Untersuchungszeitraum zur Verbrei-
tung kamen, wurden neun inhaltliche Kategorien gebildet,
die nachfolgend aufgezählt und kurz erläutert werden sollen:

1. Politik
Diese Kategorie umfaßt alle staatlichen Maßnahmen und Kon-
zepte, die ausländische Arbeitnehmer und ihre Familien aus
den Anwerbeländern und "Asylanten" betreffen.

2. Integration und Assimilation
Hiermit sind alle politisch-programmatischen Schritte aber
auch soziologisch-analytischen Äußerungen zur Eingliederung
der Ausländer in die Gesellschaft der Bundesrepublik ge-

meint, wobei berücksichtigt werden muß, daß der Begriff
Integration von der Legislative oder Exekutive und von
Organisationen oder Initiativgruppen in unterschiedli-
chem Sinne Verwendung findet. Häufig wird Integration sogar mit Einbürgerung oder Assimilation gleichgesetzt.

3. Recht und Rechtsprechung

Diese Ausprägung erfaßt alle Vorschriften, aber auch Probleme und Auswirkungen, die im Zusammenhang mit dem Aus-
länder- und Asylrecht in ausländerbezogenen Beiträgen zur
Sprache kommen, sowie alle juristischen Entscheidungen,
von denen Ausländer betroffen sind, wozu allerdings keine
Kriminalitätsdelikte gehören.

4. Migration und Remigration

Damit ist sowohl der Prozeß, das Ausmaß und die Auswirkungen der Zuwanderung ausländischer Arbeitnehmer in die
Bundesrepublik und ihre Rückwanderung in das Heimatland,
als auch die Nennung von Ursachen, Absichten und Motiven
für Migration und Remigration gemeint.

5. Status/Partizipation

Die Kategorie betrifft alle formalen, durch den Gesetzge-
ber festgelegten Rechte und Pflichten der Ausländer in
der bundesdeutschen Gesellschaft, sowie ihre Möglichkeiten der Partizipation an den Institutionen dieser Gesellschaft. Dabei gehen wir davon aus, daß die Ausländer zwar
nach wie vor in rechtlicher und faktischer Hinsicht gegenüber den Inländern benachteiligt sind, sich aber zunehmend
in einem Anpassungsprozeß befinden und sich die notwendigen Kenntnisse und Sozialtechniken aneignen, um an den
gesellschaftlichen Gütern und Rechten noch stärker partizipieren zu können (vgl. HOFFMANN/EVEN 1983, 54 ff.,
82 f.).

6. Gesundheit

Unter diesen Themenschwerpunkt fallen alle gesundheitli-
chen Probleme der "Gastarbeiter", insbesondere die Auswirkungen auf ihren Gesundheitszustand durch die veränderten Bedingungen und Belastungen des Anwerbelandes.

7. Identität

Die Ausländer der verschiedenen Nationalitäten in der Bundesrepublik haben jeweils eine eigene ethnische und kulturelle Identität, die ausschließlich durch die Zugehörigkeit zu dem Volk ihrer Herkunft bestimmt ist. Sie besitzen eigene Sitten und Bräuche, kulturelle Traditionen und zeigen in Alltagssituationen uns oft fremde Verhaltensweisen.

8. Kriminalität

Besonders wichtig ist diese Kategorie, da die Behauptung, Ausländer in der Bundesrepublik seien häufiger kriminell als deutsche Bürger, oft legitimatorischer Bestandteil ausländerfeindlicher Äußerungen ist. Sie wurde ausschließlich codiert, wenn Ausländer in Pressebeiträgen in Verbindung mit einem Straftatbestand standen.

9. Anderes

Dieser Themenschwerpunkt subsumiert alle weiteren ausländerspezifischen Themen, die sich nicht unter den acht zuvor genannten einordnen lassen.

In jedem Artikel wurde immer nur das wichtigste oder dominierende Thema codiert, da häufig auch mehrere Themenschwerpunkte zur Sprache kamen.

Vergleicht man die Reihenfolge der dominierenden Ausländerthemen im überregionalen und lokalen Teil der beiden Bielefelder Tageszeitungen, sind Unterschiede festzustellen (vgl. Abb. 4.8):

Abb. 4.8: Ausländer- und "asylanten"thematische
Schwerpunkte im Haupt- und Lokalteil
der beiden Bielefelder Tageszeitungen

Ausländerthema (VAR 21) im überregionalen Teil	NEUE WESTFÄLISCHE		WESTFALEN-BLATT		zusammen	
	Anzahl	Anteil in v.H.	Anzahl	Anteil in v.H.	Anzahl	Anteil in v.H.
Politik	23	24,5	24	25,3	47	24,9
Integration	7	7,4	6	6,3	13	6,9
Recht	7	7,4	12	12,6	19	10,1
Migration	2	2,1	9	9,5	11	5,8
Status	13	13,8	8	8,4	21	11,1
Gesundheit	0	0,0	1	1,1	1	0,5
Identität	2	2,1	3	3,2	5	2,6
Kriminalität	33	35,1	25	26,3	58	30,7
Anderes	7	7,4	7	7,4	14	7,4
zusammen:	94	49,7	95	50,3	189	100

Ausländerthema (VAR 21) im Lokalteil	NEUE WESTFÄLISCHE		WESTFALEN-BLATT		zusammen	
	Anzahl	Anteil in v.H.	Anzahl	Anteil in v.H.	Anzahl	Anteil in v.H.
Politik	19	12,8	16	12,7	35	12,8
Integration	14	9,5	21	16,7	35	12,8
Recht	6	4,1	3	2,4	9	3,3
Migration	2	1,4	2	1,6	4	1,5
Status	38	25,7	36	28,6	74	27,0
Gesundheit	2	1,4	2	1,6	4	1,5
Identität	38	25,7	25	19,8	63	23,0
Kriminalität	20	13,5	13	10,3	33	12,0
Anderes	9	6,1	8	6,3	17	6,2
zusammen:	148	54,0	126	46,0	274	100

Sowohl die NEUE WESTFÄLISCHE als auch das WESTFALEN-BLATT
drucken im überregionalen Teil am häufigsten Kriminali-
tätsthemen ab, wobei die NEUE WESTFÄLISCHE dieses Thema
mit 35,1 % aller Beiträge im Vergleich zum WESTFALEN-BLATT
mit 26,3 % eindeutig favorisiert und damit, wie man vermuten kann, die Behauptung, Ausländer seien besonders kri-
minalitätsbelastet, bei den Lesern eher verstärkt. An zweiter Stelle folgen in beiden Zeitungen politische Themen,

die 24,5 % in der NEUEN WESTFÄLISCHEN und 25,3 % im WEST-
FALEN-BLATT ausmachen. Alle weiteren Themen treten in Re-
lation zu den beiden zuvor genannten im überregionalen
Teil seltener auf.

Dagegen dominieren in beiden Zeitungen im Lokalteil
zwei andere Themenschwerpunkte: Status und Identität,
während die Kriminalitätsthematik weniger oft zur Veröf-
fentlichung kommt. In der NEUEN WESTFÄLISCHEN liegt sie
mit 13,5 % an dritter Stelle und im WESTFALEN-BLATT mit
10,3 % "nur" an fünfter Stelle.

Das häufige Auftreten der Statusthematik im Lokalteil
(25,7 % in der NEUEN WESTFÄLISCHEN und 28,6 % im WESTFALEN-
BLATT) ist sicherlich auf die besonders schwierige Lage
der Kommunen zurückzuführen, da sie ja den Hauptteil der
"Ausländerprobleme" zu bewältigen haben (vgl. Kap. 2). Vor
Ort wird stärker wahrgenommen, wie die Ausländer ihren
Status verändern und an den gesellschaftlichen Institutionen partizipieren. Ähnlich ist das mit dem Schwerpunkt-
thema Identität, das in 25,7 % aller Lokalartikel in der
NEUEN WESTFÄLISCHEN und 19,8 % im WESTFALEN-BLATT vorkommt.
Der Großteil dieser Beiträge zur kulturellen Identität besteht aus Berichten über Ausländerfeste oder anderer kul-
tureller Ereignisse, an denen Ausländer beteiligt waren.

—BEZUGSGRUPPENRELEVANZ DER AUSLÄNDERTHEMEN—

Die Stärke der Wirkung des Inhalts eines ausländerbezogenen Artikels auf seine Leser hängt wesentlich von seiner
thematischen Relevanz für die Rezipienten ab.

Wesentlich für die Aufnahme eines Artikels ist die Bezugsgruppenrelevanz, die ausschließlich feststellt, welcher Personenkreis durch ein bestimmtes Ereignis, das dem
Ausländerartikel zugrunde liegt, erfaßt wird. Zur Veran-
schaulichung: Ein Mord im Dorf A. ist dann kein Fall mehr
für Einzelpersonen, wenn er genausogut, z.B. aufgrund bestimmter sozialer Verhältnisse, an jedem Ort hätte passie-
ren können.

In der Ausländerberichterstattung der beiden Bielefelder
Zeitungen können folgende Bezugsgruppenrelevanzen ermittelt
werden (vgl. Abb. 4.9):

Abb. 4.9: Bezugsgruppenrelevanz der Ausländerartikel der
NEUEN WESTFÄLISCHEN und des WESTFALEN-BLATTES

Bezugsgruppen-relevanz (Ereignis betrifft:) (VAR 17)	NEUE WESTFÄLISCHE		WESTFALEN-BLATT		zusammen	
	Anzahl	Anteil in v.H.	Anzahl	Anteil in v.H.	Anzahl	Anteil in v.H.
Keine	0	0,0	1	0,4	1	0,2
Einzelne	33	12,1	32	13,2	65	12,6
Außerhalb BRD	2	0,7	1	0,4	3	0,6
Minorität	104	38,2	76	31,4	180	35,0
Teilbevölkerung	33	12,1	26	10,7	59	11,5
Mehrheit	100	36,8	106	43,8	206	40,1
zusammen:	272	52,9	242	47,1	514	100

Die Ereignisse, über die die Bielefelder Tageszeitungen
berichteten, sind zu 40,1 % für die Mehrheit der Bevölkerung relevant, während 35 % ausschließlich eine Minorität,
z.B. alle Ausländer oder einzelne Nationalitäten, erfassen.
Organspezifisch betrachtet, ergeben sich leichte Verschie-
bungen: Im WESTFALEN-BLATT betreffen 43,8 % der Ereignisse
die Bevölkerungsmehrheit (NEUE WESTFÄLISCHE: 36,8 %), dagegen gehen in der NEUEN WESTFÄLISCHEN 38,2 % eine Bevöl-
kerungsminorität gegenüber 31,4 % im WESTFALEN-BLATT an.
Deutliche Unterschiede lassen sich bei der Variable
Bezugsgruppenrelevanz zu den Leserbriefen in den Wochenzeitschriften erkennen: Hier sind allein 73,7 % der ausländerspezifischen Ereignisse und Sachverhalte, auf die
sich diese beziehen, für eine Mehrheit und 17,2 % für eine
Minderheit der Bevölkerung von Bedeutung. Das ist nicht
verwunderlich, da in ausländerfeindlichen Leserbriefen
deren Schreiber am häufigsten auf "unser Deutschland" und
auf "das deutsche Volk" Bezug nehmen (vgl. HOFFMANN 1983,
3 ff.) und Leserbriefschreiber häufig die öffentliche
Meinung beeinflussen wollen.

4.2.2 VERWEIS AUF DEUTSCHE RESSOURCEN

Wir gehen davon aus, daß nicht nur in Leserbriefen, sondern auch in einem Teil der anderen Pressebeiträge- zumindest andeutungsweise - Begründungsmuster für eine
"Abwehr" der gesellschaftlichen Krisensituation, wie sie
die kollektive Erfahrung der Anwesenheit der Ausländer
in unserer Gesellschaft und die damit verbundenen sozialen Konflikte und Wandlungsprozesse darstellen, erkennbar sind. In der Bearbeitung dieser Erfahrungen kann sich
eine manifeste Ausländerfeindlichkeit herausbilden, wenn
dabei der Widerspruch zwischen dem tradierten Gesellschaftsbild und der neuen Erfahrung zugunsten des erste-
ren entschieden wird (vgl. HOFFMANN/EVEN 1983, 28 ff.).

Das Gesellschaftsbild ist dabei "das hintergründige
Selbstverständnis unserer Gesellschaft, das in den Köpfen
ihrer Mitglieder den alltäglichen Verkehr miteinander re-
gelt. Das Gesellschaftsbild ist die Folie der Ordnung,
die den Zusammenhalt herstellt und das gemeinsame Handeln
koordiniert. Es ist gegenwärtig in der alltäglichen Sprache, in den unausgesprochenen Selbstverständlichkeiten,
die als immer schon geltend unterstellt werden, wo auch
immer das Miteinander von Menschen ein Stück ihrer Gesellschaft konkret werden läßt. Es gipfelt sich auf in
Grundsätzen, Theorien und Geschichten, die in der häus-
lichen Erziehung, in den Schulen, in den Medien, in Politik und Rechtsprechung den Selbstverständlichkeiten ihren
Überbau verleihen und die Abweichungen unter Verdikt stellen" (HOFFMANN 1983, 2)[1].

Dem Gesellschaftsbild entsprechen bestimmte Werte, auf
die sich die Schreiber von Leserbriefen und Artikeln be-
rufen und die sie durch die Anwesenheit der Ausländer und
den daraus entstehenden Folgeproblemen gefährdet sehen.

---

1) Aus der Sicht des "information processing approach"
vgl. GRABER (1984); RUHRMANN (1986); WOODALL (1986).

Diese Werte bezeichnen wir hier als "deutsche Ressourcen",
wobei zwischen ökonomischen und ideologischen oder politischen Ausprägungen dieser Begründungen unterschieden wird.

In 258 Artikeln über Ausländer der beiden Bielefelder
Tageszeitungen (NW: 128 Artikel; WB: 130), das sind 54,8 %
aller 471 Artikel mit ausländerspezifischen Schwerpunkt-
themen (oder genau die Hälfte aller 516 codierten Artikel)
und gut zwei Drittel (121 Leserbriefe = 67,2 %) aller 180
ausländerbezogenen Leserbriefe der Wochenzeitschriften,
(= 65,1 % aller codierten Leserbriefe) wird auf "deutsche
Ressourcen" verwiesen (vgl. Abb. 4.10):

Abb. 4.10: Anzahl der Verweise auf "deutsche Ressourcen"
in den ausländerbezogenen Beiträgen der beiden Bielefelder Zeitungen und in den Leserbriefen der Wochenzeitschriften (SPIEGEL, STERN,
QUICK und BUNTE ILLUSTRIERTE) (VAR 06)

Deutsche Ressourcen (VAR 22)	NEUE WESTFÄLISCHE		WESTFALEN-BLATT		WOCHENZEITSCHRIFTEN		zusammen	
	Anzahl d. Artikel	Anteil in v.H.	Anzahl d. Artikel	Anteil in v.H.	Anzahl d. Artikel	Anteil in v.H.	Anzahl d. Artikel	Anteil in v.H.
Keine (einschließl. allgemeinthem. Schwerpunktth.	145	53,1	113	46,5	65	34,9	323	46,0
Sozialprodukt	4	1,5	10	4,1	10	5,4	24	3,4
Soziales Netz	64	23,4	60	24,7	27	14,5	151	21,5
Kollektiver Besitz	5	1,8	13	5,3	25	13,4	43	6,1
Kollektive Sicherheit	23	8,4	12	4,9	9	4,8	44	6,3
Arbeitsplätze	12	4,4	14	5,8	6	3,2	32	4,6
Übervölkerung	8	2,9	7	2,9	8	4,3	23	3,3
Überfremdung	4	1,5	5	2,1	23	12,4	32	4,6
Stabilität	3	1,1	3	1,2	4	2,2	10	1,4
Anderes	5	1,8	6	2,5	9	4,8	20	2,8
zusammen:	273	38,9	243	34,6	186	26,5	702	100,0

In 63,6 % aller 258 ausländerspezifischen Artikel der beiden Lokalzeitungen (NW: 80 Beiträge; WB: 84), in denen Begründungsmuster für die Bewältigung der Ausländerproblematik herangezogen werden, überwiegen die ökonomischen Kategorien dieser Variablen: "Soziales Netz" (alle wohlfahrtsstaatlichen Leistungen) in 124 Pressebeiträgen (NW: (64 %; WB: 60), "Arbeitsplätze" (Bedingungen des Arbeitsmarktes, Verkaufbarkeit der Ware Arbeitskraft) in 26 Artikeln (NW: 12; WB: 14) und "Sozialprodukt" (alle produktiven Dimensionen, Volkseinkommen) in 14 Fällen (NW: 4; WB: 10).

Die Anwesenheit der Ausländer in der Bundesrepublik wird demnach in den Bielefelder Tageszeitungen am stärksten unter dem Gesichtspunkt der Belastung für den Wohlstand dieser Gesellschaft betrachtet.

Vergleicht man in beiden Bielefelder Zeitungen ideologische oder politische Begründungsmuster für die Anwesenheit der Ausländer in unserer Gesellschaft, so fällt auf, daß die NEUE WESTFÄLISCHE fast doppelt so oft "Kollektive Sicherheit und Ordnung" (Gefährdung des Gemeinwesens) in 23 Artikeln nennt wie das WESTFALEN-BLATT in 12 Beiträgen.

Bei den Leserbriefen der Wochenzeitschriften, die zwar mit 27 Nennungen ebenfalls am häufigsten die Ressource "Soziales Netz" ins Felde führen, sieht es insgesamt gesehen im Vergleich zu den Tageszeitungen genau umgekehrt aus: Hier dominieren in 69 Leserbriefen (= 57 % der 121 Leserbriefe mit Ressourcennennung) die ideologisch-deutschen Ressourcen als Begründungsmuster gegen die Ausländeranwesenheit. Am häufigsten wird dabei in 25 Leserbriefen mit der Ausprägung "Kollektiver Besitzstand" [1] operiert, womit die deutsche Identität, der Bezug auf "unser Deutschland" und auf "das deutsche Volk", gemeint ist.

---

1) Dieser Begriff deckt sich mit dem Wert der "Kollektiven Identität" bei Lutz HOFFMANN, der dagegen den Wert "Kollektiver Besitzstand" mehr unter ökonomischen Gesichtspunkten interpretiert (vgl. HOFFMANN 1983, 3 ff.). Vgl. auch HOFFMANN/EVEN (1984); HOFFMANN (1986).

Des weiteren verweisen die Autoren der Leserbriefe auf
die "Kollektive Sicherheit und Ordnung" (Gefährdung des
Gemeinwesens) in 9 Leserbriefen, die "Geographische Fläche"
(Übervölkerung, Bevölkerungsentwicklung) in 8 Leserbriefen,
die "Stabilität des Systems" in 4 Leserbriefen und auf
"Rassische und Völkische Ressourcen" (Überfremdung), die
in 23 Leserbriefen als die zweithäufigste ideologische
Ressource auftritt und zum Teil einen Rückgriff auf traditionelle deutsche Werte darstellen.

4.2.3 PRESSEBEITRÄGE UND NATIONALITÄT

Wie bereits festgestellt wurde, leben in der Bundesrepublik
eine ganze Reihe von Ausländergruppen mit unterschiedli-
chem Status und verschiedenen Nationalitäten, wovon die
Türken die größte ethnische Gruppe bilden.

Die Mehrheit der 471 untersuchten ausländerspezifischen
Pressebeiträge der Bielefelder Zeitungen (301 Beiträge oder
63,9 % aller Ausländerartikel) beziehen sich auf eine oder
mehrere Nationalitäten der hier lebenden ausländischen
Wohnbevölkerung, während in 170 Artikeln nur von Ausländern allgemein und über deren Probleme berichtet wird.

Aufgrund der Anzahl der Ausländerartikel mit Nationalitätennennungen ergeben sich folgende Plazierungen für die
verschiedenen Ausländergruppen (vgl. Abb. 4.11):

Abb. 4.11: Rangfolgen der einzelnen Ausländergruppen nach
Anzahl der Artikel mit Nationalitätennennungen
und Anteilen in Prozent in den Bielefelder
Tageszeitungen

Nationalität	NEUE WESTFÄLISCHE			WESTFALEN-BLATT			zus.		
	Anzahl d.Artikel	Anteil in v.H.	Rang-folge	Anzahl d.Artikel	Anteil in v.H.	Rang-folge	Anzahl d.Artikel	Anteil in v.H.	Rang-folge
Türkei u. Genannte [1]	1o3	64,0	1.	81	57,9	1.	184	61,1	1.
Italien	16	9,9	2.	9	6,4	5.	25	8,3	3.
Asien	15	9,3	3.	19	13,6	2.	34	12,3	2.
Jugoslawien	1o	6,2	4.	11	7,9	4.	21	7,o	4.
Andere	8	5,o	5.	12	8,6	3.	2o	6,6	5.
Griechenland	5	3,1	6.	4	2,9	6.	9	3,o	6.
Spanien/Portugal	3	1,9	7.	4	2,9	6.	7	2,3	7.
Afrika	1	o,6	8.	o	o,o	8.	1	o,3	8.
zus.	161	1oo		14o	1oo		3o1	1oo	

1) Hierbei sind die beiden codierten Ausprägungen Türkei und Türkei
und Genannte addiert worden. Die zuletzt genannte Ausprägung wurde immer nur dann codiert, wenn Türken nicht ausschließlich,
sondern in Verbindung mit anderen Nationalitäten erwähnt wurden.
Das war in der NW von den 103 Artikeln 21 mal und im WB von den
81 Artikeln ebenfalls 21 mal (vgl. VAR 23 im Anhang).

Auffallend ist, daß in beiden Bielefelder Tageszeitungen
die Türken eindeutig am häufigsten genannt werden und das
in über 60 % aller Artikel mit Nationalitätennennungen,
wobei es mit 64,0 % (= 103 Artikel) in der NEUEN WESTFÄ-
LISCHEN und 57,9 % (= 81 Artikel) im WESTFALEN-BLATT er-
wähnenswerte Unterschiede gibt. An zweiter Stelle folgen
mit 34 Artikeln (= 12,3 %) die Asiaten (im WB an zweiter
Stelle mit 19 Beiträgen und in der NW an dritter Stelle
mit 15 Artikeln), die eine relativ kleine Ausländergruppe
in der Bundesrepublik darstellen. Es handelt sich hier vorwiegend um Beiträge über vietnamesische Flüchtlinge, die
als sogenannte Kontingentflüchtlinge einen besonderen Status unter den sonstigen Ausländern einnehmen und für die
in den Artikeln häufig positiv Partei ergriffen wird.
Lohnenswert ist der Vergleich der Ausländerberichterstattung mit Nationalitätennennungen im überregionalen und
lokalen Teil der beiden Bielefelder Zeitungen mit dem Anteil der einzelnen Ausländergruppen an der ausländischen
Wohnbevölkerung in der gesamten Bundesrepublik und in Bielefeld (vgl. Abb. 4.12):

Abb. 4.12: Nationalitätennennungen in der Ausländerberichterstattung im Haupt- und Lokalteil der Bielefelder Tageszeitungen

Nationalität (VAR 23) im überregionalen Teil	NEUE WESTFÄLISCHE		WESTFALEN-BLATT		zusammen	
	Anzahl	Anteil in v.H.	Anzahl	Anteil in v.H.	Anzahl	Anteil in v.H.
Türkei	28	43,8	21	35,6	49	39,8
Afrika	1	1,6	0	0,0	1	0,8
Italien	7	10,9	3	5,1	10	8,1
Spanien/Portugal	1	1,6	1	0,8	1	0,8
Jugoslawien	5	7,8	7	11,9	12	9,8
Asien	12	18,8	13	22,0	25	20,3
Türkei u.Genannte	5	7,8	8	13,6	13	10,6
Andere	5	7,8	7	11,9	12	9,8
zusammen:	64	52,0	59	48,0	123	100,0

Nationalität (VAR 23) im Lokalteil	NEUE WESTFÄLISCHE		WESTFALEN-BLATT		zusammen	
	Anzahl	Anteil in v.H.	Anzahl	Anteil in v.H.	Anzahl	Anteil in v.H.
Türkei	53	56,4	38	48,7	91	52,9
Griechenland	4	4,3	4	5,1	8	4,7
Italien	8	8,5	6	7,7	14	8,1
Spanien/Portugal	2	2,1	4	5,1	6	3,5
Jugoslawien	5	5,3	3	3,8	8	4,7
Asien	3	3,2	6	7,7	9	5,2
Türkei u.Genannte	16	17,0	13	16,7	29	16,9
Andere	3	3,2	4	5,1	7	4,1
zusammen:	94	54,7	78	45,3	172	100,0

Im überregionalen Teil der beiden Tageszeitungen dominieren
die Türken in 62 Artikeln (= 50,4 %), obwohl ihr Anteil an
der ausländischen Bevölkerung in der Bundesrepublik nur
33,9 % beträgt (vgl. BECHTEL/MENTZEL-BUCHNER 1983, 37).
Ihnen werden also mehr Ausländerartikel gewidmet, als es
ihrer tatsächlichen Gruppenstärke entspricht. Zwischen der
NEUEN WESTFÄLISCHEN und dem WESTFALEN-BLATT gibt es dabei
kaum nennenswerte Unterschiede (NW: 33 Artikel oder 51,6 %;
WB: 29 Artikel oder 49,2 %).

Die anderen Ausländer aus Anwerbeländern finden dagegen im Verhältnis zu ihrem Anteil an den Gesamtausländerzahlen in der Bundesrepublik relativ wenig Erwähnung: Die Italiener treten in 10 Artikeln oder 8,1 % bei einem Anteil von 13,0 % an der ausländischen Wohnbevölkerung auf, die Spanier und Portugiesen nur in einem Artikel oder 0,8 % (Anteil: 6 %), die Jugoslawen in 12 Beiträgen oder 9,8 % (Anteil: 13,5 %) und die Griechen werden im überregionalen Teil überhaupt nicht genannt, obwohl deren Anteil immerhin 6,5 % ausmacht. Recht häufig dagegen mit 25 Artikeln (= 20,3 %) kommen Pressebeiträge, in denen Asiaten genannt werden, zum Abdruck.

Im Lokalteil der beiden Bielefelder Zeitungen sieht die Verteilung noch anders aus: Hier ist die Dominanz der Türken in Ausländerartikeln weitaus größer. In beiden Tageszeitungen zusammen treten sie in 120 Pressebeiträgen (= 69,8 %) auf, wobei die NEUE WESTFÄLISCHE mit 69 Artikeln (= 73,4 % aller Ausländerbeiträge mit Nationalitätennennungen im Lokalteil dieser Zeitung) deutlich mehr "Türkenartikel" als das WESTFALEN-BLATT mit 51 Beiträgen (= 65,4 %) veröffentlicht, während die Gruppenstärke der türkischen Bevölkerung in diesem Zeitraum ca. 45 % der Ausländer in Bielefeld entsprach (vgl. Kap. 2.2.2).

Bis auf die Italiener, die in 14 Artikeln (= 8,1 %) vorkommen, bei einem Anteil von 5,5 % an der ausländischen Wohnbevölkerung in Bielefeld und die damit ebenfalls überrepräsentiert sind, liegen alle weiteren Anwerbenationen entweder unter den Prozentzahlen ihren Anteils an den Bielefelder Ausländern (Griechen: 8 Artikel = 4,7 % bei einem Anteil von 10,8 %; Jugoslawen: 8 Artikel = 4,7 %, Anteil von 16,3 %) oder sie werden entsprechend ihrem Anteil erwähnt, wie im Fall der Spanier und Portugiesen (6 Beiträge = 3,5 % bei einem Anteil von 3,4 %).

Seltener als in den Pressebeiträgen der Lokalzeitungen benennen die Leserbriefschreiber in den Wochenzeitschriften einzelne Nationalitäten: Hier werden in 91 Leserbriefen (= 50,6 % aller 180 ausländerspezifischen Leserbriefe) Ausländer im Zusammenhang mit ihren Nationalitäten erwähnt.

Jedoch noch stärker herausragend sind in den Leserbriefen
die Türken, die 73 mal (= 80,2 %) in Verbindung mit der
Ausländerproblematik zur Sprache gebracht werden (vgl.
VAR 23 im Anhang).

In bezug auf die beiden Bielefelder Lokalzeitungen, wobei die NEUE WESTFÄLISCHE noch stärker als das WESTFALEN-
BLATT angesprochen ist, kann festgestellt werden, daß sie
mit ihren häufigen Nennungen von Türken in Ausländerartikeln auch zu einer intensiveren Wahrnehmung dieser ethnischen Gruppe beim Leser beitragen und sie damit stärker
zum Objekt der Meinungsbildung machen (vgl. dazu auch
Teil 6.1.1.3). Für die Leser stellt sich das Ausländerproblem zunehmend als Türkenproblem dar.

Problematisch wird es insbesondere dann, wenn in den
Tageszeitungen vor allem die Türken in Verbindung mit negativen Persönlichkeitsmerkmalen und Charaktereigenschaften gebracht werden, was ebenfalls in den beiden Bielefelder Zeitungen festzustellen ist. Während in 21 Artikeln
Türken mit positiven Charaktereigenschaften im Verhältnis
zu 30 Artikeln mit negativen Persönlichkeitsmerkmalen erscheinen, sieht es bei allen anderen Nationen zusammen
umgekehrt aus: 21 (positiv) : 8 (negativ).

4.2.4 PERSÖNLICHKEITSMERKMALE UND CHARAKTEREIGENSCHAFTEN DER AUSLÄNDER

Die Ausländer der verschiedenen Gruppen oder Nationalitäten in der Bundesrepublik unterscheiden sich u.a. durch
ihre jeweils eigene kulturelle Identität. Sie besitzen
oft fremde Sitten und Bräuche und kulturelle Traditionen.
In vielen Alltagssituationen fallen sie durch ungewohnte
Verhaltensweisen auf und zeigen ihnen typische Persönlichkeitsmerkmale und Charaktereigenschaften, die von vielen
Bürgern der Bundesrepublik nicht immer richtig verstanden
und oft auch negativ interpretiert werden.

Dieses "Bild" der Ausländer in der Bundesrepublik spiegelt sich ebenfalls in der Presseberichterstattung wider.

In den beiden Bielefelder Tageszeitungen werden in 94 Ausländerartikeln oder knapp 20 % aller 471 ausländerspezifischen Beiträge Ausländern bestimmte Charaktereigenschaften
und Persönlichkeitsmerkmale zugeordnet. Davon entfallen mit
57 Artikeln gegenüber 37 Beiträgen weitaus mehr auf die
NEUE WESTFÄLISCHE als auf das WESTFALEN-BLATT (vgl. VAR 24
im Anhang).

Faßt man die verschiedenen codierten Merkmale und Eigenschaften zusammen, so kann zwischen eher positiven und mehr
negativen Eigenschaften unterschieden werden. Unter positiven Merkmalen verstehen wir folgende Persönlichkeitsmerkmale:

1. anpassungsfähig, anpassungswillig und aufgeschlossen
   (Code 1),

Dagegen fallen unter die negativen Charaktereigenschaften
folgende:

2. sparfreudig, anspruchslos und bescheiden
   (Code 2),

3. traditionsgebunden, heimatliebend, familiengebunden
   und gastfreundlich (Code 3),

4. lebensfroh, redegewandt, temperamentvoll und vital
   (Code 4),

5. konservativistisch, unzivilisiert, ungebildet und
   vulgär (Code 5),

6. spartanisch, asketisch und armselig (Code 6),

7. anpassungsunfähig, anpassungsunwillig und apathisch
   (Code 7),

8. parasitär u.a. "subhumane" Merkmale (Code 8),

9. Anderes (Code 9).

Entsprechend dieser Einteilung ergeben sich für die beiden
Bielefelder Lokalzeitungen die nachfolgenden Häufigkeiten
bei der Verwendung von positiven und negativen Persönlichkeitsmerkmalen und Charaktereigenschaften für Ausländer
in ihrer Berichterstattung (vgl. Abb. 4.13):

Abb. 4.13: Positive und negative Persönlichkeitsmerkmale
und Charaktereigenschaften in der Ausländerberichterstattung der beiden Bielefelder
Zeitungen

Persönlichkeits-u.Charakterei-genschaften (VAR 24)	NEUE WESTFÄLISCHE		WESTFALEN-BLATT		zusammen	
	Anzahl d.Artik.	Anteil in v.H.	Anzahl d.Artik.	Anteil in v.H.	Anzahl d.Artik.	Anteil in v.H.
Guter Charakter	23	40,3	2	5,4	25	26,6
Schlechter Charakter	34	59,7	35	94,6	69	73,4
zusammen:	57	60,6	37	39,4	94	100

Besonders häufig schreibt das WESTFALEN-BLATT den Ausländern negative Eigenschaften zu (NW: 23 (positiv) : 34
(negativ); WB: 35 (positiv) : 2 (negativ)).

Außerdem gibt es in den Leserbriefen der Wochenzeitschriften gravierende Unterschiede: Hier werden in 24,4 %
aller 180 ausländerbezogenen Leserbriefe Charaktereigenschaften und Persönlichkeitsmerkmale genannt, wovon allein
in 37 Leserbriefen (= 84,1 %) den Ausländern von den Leserbriefschreibern ein schlechter Charakter angelastet wird.
Dabei handelt es sich vor allem um Leserbriefe, die für
die mit der Anwesenheit der Ausländer in der Bundesrepublik entstandenen Probleme den Ausländern die Schuld zuweisen wollen.

In den Beiträgen der Bielefelder Tageszeitungen werden
besonders im Lokalteil Persönlichkeitsmerkmale und Charaktereigenschaften genannt, während sie im überregionalen Teil relativ selten auftreten.

Das "Bild" der Ausländer, ihre Persönlichkeits- und
Charakterbeschreibung, in der Bielefelder Tagespresse entspricht durchaus den in der Bevölkerung bestehenden Stereotypen über ihre ausländischen Nachbarn. Viele dieser be-
schreibenden Artikel lassen vermuten, daß die Journalisten
den Kontakt mit den Ausländern nicht pflegen, da die Darstellung der ausländischen Bevölkerung häufig recht

"exotisch" ausfällt. Auch gerade hier hat die Presse eine
wichtige Funktion: "Je mehr reale Informationen über die
'Gastarbeiter' publiziert werden, desto positiver wird die
Einstellung der Deutschen zu den 'Gastarbeitern' sein.
Die Informationen müssen Anregungen vermitteln, die zum
Kontakt führen können. Denn der persönliche Kontakt mit
den 'Gastarbeitern' ist und bleibt der einzige sichere
Weg, um sich über die Persönlichkeit der 'Gastarbeiter'
ein realistisches Bild machen zu können (DELGADO 1972, 112).

4.2.5 PROBLEME DER AUSLÄNDER

Durch die Anwesenheit der Ausländer in der Bundesrepublik
und ihrer zunehmenden Partizipation an den gesellschaftlichen Gütern sind eine Reihe von Problemen entstanden,
die in der Ausländerberichterstattung ihren Niederschlag
finden.

Die beiden Bielefelder Tageszeitungen sprechen in ins-
gesamt 269 Beiträgen (= 57,1 % aller 471 ausländerbezoge-
nen Artikel) Probleme der Ausländer an, davon stehen 133
Beiträge (= 54,1 % der Ausländerartikel der NW) in der
NEUEN WESTFÄLISCHEN und 136 (= 60,4 % der WB-Artikel) im
WESTFALEN-BLATT.

Bei den Häufigkeiten und Rangfolgen des Auftretens von
Ausländerproblemen in den einzelnen Artikeln gibt es keine besonderen Unterschiede zwischen den beiden Presseorganen (vgl. Abb. 4.14):

Abb. 4.14: Häufigkeiten und Rangfolgen der Ausländerprobleme in den Bielefelder Tageszeitungen

Probleme der Ausländer (VAR 25)	NEUE WESTFÄLISCHE		WESTFALEN-BLATT	
	Anzahl d. Artikel	Anteil in v.H.	Anzahl d. Artikel	Anteil in v.H.
Aufenthalts-, Arbeitserlaubnis; Ausländerrecht	36	27,1	34	25,0
Bildung, Erziehung	27	20,3	28	20,6
Interaktion, Kommunikation	26	19,5	21	15,4
Anderes	25	18,8	18	13,2
Arbeitslosigkeit	9	6,8	14	10,3
Wohnungssuche, Unterkunft	9	6,8	8	5,9
Es gibt gar keine Probleme!	1	0,6	4	2,9
Verhalten am Arbeitsplatz	0	0,0	3	2,2
Kontakt zu dt. Behörden	0	0,0	6	4,4
zusammen:	133	100	136	100

Das häufigste Problem der Ausländer, das in den ausländerspezifischen Pressebeiträgen zur Sprache kommt, betrifft
Fragen des Aufenthalts- und Arbeitsrechts, des Ausländer-
und Asylrechts (70 Beiträge oder 26 % aller Problemartikel),
womit die unsichere aufenthaltsrechtliche Stellung der Ausländer in der Bundesrepublik angesprochen ist. Als weitere
Probleme folgen Bildung und Erziehung der ausländischen
Kinder und Jugendlichen in 55 Artikeln (= 20,4 %), Inter-
aktions- und Kommunikationsschwierigkeiten mit der deutschen Bevölkerung in 47 Beiträgen (= 17,5 %), sonstige,
von den anderen Ausprägungen nicht erfaßte Probleme, in
43 Artikeln (= 16 %), Auswirkungen und Folgen der Arbeitslosigkeit für die ausländischen Arbeitnehmer in 23 Pressebeiträgen (= 8,6 %) und Probleme mit der Unterkunft und
der Wohnungssuche in 17 Artikeln (= 6,3 %). Die zuletzt

genannte Ausprägung, die ein Hauptproblem der Ausländer berührt, wird demnach relativ selten in den Bielefelder Zeitungen benannt.

Die Behauptung, "es gibt doch gar keine Probleme der
Ausländer", die sicherlich eine gegen die Ausländer gerichtete Äußerung darstellt, tritt "lediglich" in 5 Artikeln
auf (1 mal in der NW und 4 mal im WB). Probleme bzgl. des
Verhaltens am Arbeitsplatz oder betreffs des Kontaktes zu
deutschen Behörden werden ausschließlich im WESTFALEN-BLATT
in 3 bzw. 6 Artikeln angesprochen.

Die Leserbriefschreiber in den Wochenzeitschriften, in
denen in den 180 ausländerspezifischen Leserbriefen 89 mal
(= 49,4 %) Probleme der Ausländer benannt werden, räumen
vor allem Kommunikations- und ausländerrechtlichen Problemen in 24 bzw. 20 Leserbriefen einen breiten Raum ein, während Bildungsfragen (4 mal) und Arbeitslosigkeit (2 mal)
von ihnen äußerst selten problematisiert werden.

4.2.5.1 URSACHEN DER AUSLÄNDERPROBLEMATIK

Wir nehmen an, daß besonders die Benennung von Ursachen
der Ausländer- und "Asylanten"problematik in der Presseberichterstattung Ausgangs- bzw. Anknüpfungspunkt explizit
ausländerfeindlicher Aussagen sein kann.

Die Bielefelder Lokalpresse führt in 207 Beiträgen
(= 43,9 % aller Zeitungsartikel   über Ausländer) Ursachen
der Ausländerproblematik an (NW: 105 Artikel ; WB: 102),
wobei sich die einzelnen genannten Ursachen nach Motiven
der Deutschen bzw. Behandlungen der Ausländer sowie Motiven der Ausländer bzw. Handlungen der Ausländer zusammen-
fassen lassen.

Aufgrund dieser Einteilung kann für die Bielefelder
Presse folgende Verteilung der Ursachennennungen festgestellt werden (vgl. Abb. 4.15):

Abb. 4.15: Nennungen von Ursachen der Ausländerproblematik
in den Bielefelder Tageszeitungen

Ursachen (VAR 26)	NEUE WESTFÄLISCHE		WESTFALEN-BLATT	
	Anzahl d. Artikel	Anteil in v.H.	Anzahl d. Artikel	Anteil in v.H.
Motive der Deutschen	28	26,6	27	26,4
Motive der Ausländer	42	40,0	42	41,2
Anderes	35	33,4	33	32,4
zusammen:	105	100	102	100

Beide Bielefelder Tageszeitungen bringen in ihrer Berichterstattung deutlich mehr "ausländerfeindliche" Motive der
Ausländer- und "Asylanten"problematik zur Sprache.

Bei den "ausländerfreundlichen" Motiven der Deutschen
überwiegen in beiden Zeitungen die institutionellen Ursachen und die Diskriminierung der Ausländer.

In den Leserbriefen der vier Wochenzeitschriften treten
Äußerungen über die Ursachen der Ausländerproblematik weitaus häufiger als in den untersuchten Tageszeitungen auf:
Insgesamt 134 Leserbriefe von 180 ausländerbezogenen (= 74,7%)
beschäftigen sich mit Ursachen.

Die Angst der Leserbriefschreiber um den gefährdeten Wohlstand dieser Gesellschaft, den sie nicht mit den Ausländern
teilen wollen, "reduziert sich hier auf die Behauptung nie-
driger Motive auf seiten der Ausländer. Man unterstellt
ihnen, daß sie auf Grund ihrer Begehrlichkeit und Rücksichts-
losigkeit die zulässigen Grenzen ihres Gaststatus überschrei-
ten. Damit deutet sich an, daß das ausländerfeindliche Gesellschaftsbild, das grundsätzlich immer noch eine positive
Beurteilung des Ausländers zuließ, umschlägt in ein aggres-
sives Vorurteil gegenüber Ausländern. Ihnen werden bestimmte
Haltungen und Handlungen unterstellt, die eine negative Beurteilung rechtfertigt" (HOFFMANN 1983, 13).

4.2.5.2 LÖSUNGSMÖGLICHKEITEN DER AUSLÄNDERPROBLEMATIK

Um die mit der Einwanderung der ausländischen Bevölkerung
in die Bundesrepublik entstandenen vielfältigen sozialen
und politischen Probleme heute und in Zukunft lösen zu
können, werden auf den verschiedensten gesellschaftlichen Ebenen, in den Parteien und der Regierung und vielen
Organisationen und Initiativgruppen, Auswege, Alternativen,
Konsequenzen oder Maßnahmen erarbeitet oder diskutiert.
Diese Diskussion um sowohl "ausländerfreundliche" als auch
"ausländerfeindliche", d.h. gegen die Anwesenheit der Ausländer in der Bundesrepublik gerichtete Lösungen, spiegelt
sich ebenfalls in der Presseberichterstattung wider.

Lösungsvorschläge werden in 144 Artikeln (= 30,6 % von
471 Ausländerbeiträgen) der Bielefelder Tagespresse explizit genannt, davon widmet die NEUE WESTFÄLISCHE diesen 75
Beiträge (= 30,5 % von 246 ausländerbezogenen Artikeln) und
das WESTFALEN-BLATT 69 Artikel (= 30,7 % von 225 Ausländerbeiträgen).

Unterteilt man die verschiedenen Lösungsmöglichkeiten,
die zur Ausländer- und "Asylanten"problematik vorgeschla-
gen werden, in institutionelle Lösungen durch Politik und
Recht (Code 1) und in "ausländerfeindliche" Lösungen
(= restliche Codes), so lassen sich folgende Verteilungen
ermitteln (vgl. Abb. 4.16):

Abb. 4.16: Institutionelle und "ausländerfeindliche" Lösungsmöglichkeiten in den beiden Bielefelder
Tageszeitungen

Lösungsmög- lichkeiten d. Ausländerpro- blematik (VAR 29)	NEUE WESTFÄLISCHE		WESTFALEN-BLATT		zusammen	
	Anzahl d. Artikel	Anteil in v.H.	Anzahl d. Artikel	Anteil in v.H.	Anzahl d. Artikel	Anteil in v.H.
institutionell	36	52,9	32	53,3	68	53,1
"ausländerfeind- lich"	32	47,1	28	46,7	60	46,9
zusammen[1]:	68	100	60	100	128	100

1) Der Code 9 "Anderes" wird hier nicht einer der beiden Kategorien
zugeordnet. Dadurch fallen 7 Artikel in der NW und 9 im WB heraus.

In beiden Zeitungen, in der NEUEN WESTFÄLISCHEN deutlich
mehr, überwiegen die institutionellen Lösungsvorschläge
(NW: 36 mal; WB: 32 mal).

Bei den "ausländerfeindlichen" Lösungsmöglichkeiten kommen besonders die zum Teil von der Bundesregierung favori-
sierten Maßnahmen und Lösungsvorschläge, die Hilfe zur Rück-
kehr durch Anreize und die Begrenzung, zur Sprache. Eine direkte Aufforderung, das Ausländerproblem durch Gewalt zu
lösen, tritt in der NEUEN WESTFÄLISCHEN in einem Leserbrief
in Erscheinung.

Die Leserbriefschreiber von 62 Leserbriefen (= 34,4 %
von 180 ausländerspezifischen Leserbriefen) verweisen ebenfalls auf Lösungsmöglichkeiten der Ausländerproblematik.
Davon fordern 40 Autoren (64,5 %) "ausländerfeindliche"
Lösungen gegenüber 22 (35,5 %) anderen Vorschlägen. Auch
hier treten Appelle zur Gewalt gegen die Ausländer in Leserbriefen der Illustrierten STERN auf.

- INTEGRATION DER AUSLÄNDER -

Als die Lösungsmöglichkeit wird von den meisten an der
Ausländerdiskussion beteiligten Personen und Gruppen die
Integration der Ausländer in die Gesellschaft der Bundesrepublik angeführt. Dabei wird der Begriff Integration für
die unterschiedlichsten Bedeutungsgehalte gebraucht, die
bis zur Gleichsetzung mit Einbürgerung oder Assimilation
der Ausländer reichen[1].

Wie wir bei der Auszählung der Häufigkeiten der Auslän-
derschwerpunkte bereits festgestellt haben, widmen die beiden Bielefelder Tageszeitungen dem Thema Integration explizit nur 48 Pressebeiträge (vgl. Kap. 4.2.1). Die Zahl
deckt sich fast mit der Anzahl der Artikel, in denen die

---

1) Vgl. dazu ELLWERT (1982); ESSER (1980); HOFFMANN/EVEN
   (1984).

Integration der Ausländer als Lösungsmöglichkeit für die
Ausländerproblematik bewertet wird: Beide Tageszeitungen
bringen zusammen 52 die Integration bewertende Artikel
(jeweils in der NW und im WB), die mit einem Anteil von
11 % an den gesamten 471 Ausländerartikeln dieser beiden
Presseorgane eine verhältnismäßig untergeordnete Rolle
spielen (vgl. VAR 31).

Faßt man die einzelnen Aussagen über Integration
als richtig (Code 1: Integration ist gut, positiv, wün-
schenswert; Code 2: ...ist richtig, vernünftig) und die
Integration als falsch (Code 3: ...ist schlecht, negativ,
unerwünscht; Code 4: ...ist falsch, unvernünftig und
Code 5: ...kann es überhaupt nicht geben) bewertende
Urteile zusammen, so ergibt sich folgende Gleichvertei-
lung der Wertungen in den beiden Bielefelder Presseorganen (vgl. Abb. 4.17):

Abb. 4.17: Werturteile über Integration in den
               Bielefelder Tageszeitungen

Bewertung der Integration (VAR 31)	NEUE WESTFÄLISCHE Anzahl d. Artikel	WESTFALEN-BLATT Anzahl d. Artikel	zusammen Anzahl d. Artikel	Anteil in v.H.
Richtig	17	17	34	65,4
Falsch	9	9	18	34,6
zusammen:	26	26	52	100

In beiden Zeitungen wird genauso oft und am häufigsten die
Integration als positives Ziel zur Lösung der Ausländerprobleme beurteilt (17 mal).

Die Leserbriefschreiber der Wochenzeitschriften äußern
sich dagegen eher ablehnend. Sie sehen in der Ausländerintegration vorwiegend einen falschen Lösungsvorschlag (17
Leserbriefe).

Sowohl in der Bielefelder Tagespresse als auch in den
Leserbriefen der Wochenzeitschriften wird außerdem die Integration der Ausländer in der Bundesrepublik besonders

als gegenwärtiges und zukünftiges Problem benannt (42 mal
in den Lokalzeitungen und 12 mal in den Leserbriefen), während die Aussage, Integration sei eine vergangenes Problem,
nur in einem Leserbrief und in 7 Beiträgen der Bielefelder
Tageszeitungen aufgestellt wird.

- STATUSPASSAGE OHNE IDENTITÄTSPASSAGE -

Unter Statuspassage verstehen wir den allmählichen Übergang der ausländischen Einwanderer von einem Status, in dem
sie keine Rechte in der Gesellschaft der Bundesrepublik haben (vor der Anwerbung), zu einem Status, in dem sie dieselben Rechte wie die geborenen Inländer haben (nach der
Einbürgerung). Zu den Rechten gehören nicht nur diejenigen, die durch Gesetze verliehen oder verweigert werden,
sondern auch alle anderen Chancen und Möglichkeiten, die
eine Gesellschaft ihren Mitgliedern einräumt oder verweigert (vgl. HOFFMANN/EVEN 1983, 54 f.).
   Identitätspassage ist dagegen der allmähliche Übergang
der Einwanderer von einer ethnischen und kulturellen Identität, die ausschließlich durch die Zugehörigkeit zu dem
Volk ihrer Herkunft bestimmt wird, zu der ethnischen und
kulturellen Identität, die für die geborenen Mitglieder
der Gesellschaft der Bundesrepublik als selbstverständ-
lich gilt. Entscheidend für die Identität ist, wie sich
der Einzelne selbst versteht (vgl. GLASER/STRAUSS 1971;
HOFFMANN/EVEN 1983, 57 ff.).
   In den letzten Jahren haben die Ausländer in der Bundesrepublik zwar in entscheidendem Maße ihren sozialen Status
verändert, jedoch in derselben Zeit nicht in gleichem Umfang und in gleicher Richtung eine Veränderung ihrer kulturellen Identität vorgenommen, wodurch ausländerfeindliche Handlungen und Äußerungen ihnen gegenüber hervorge-
bracht werden.
   "Durch die Statuspassage ohne Identitätspassage zeichnet
sich ein Wandel der Gesellschaft der Bundesrepublik ab, der

mit dem fortbestehenden Gesellschaftsbild nicht in Einklang
gebracht werden kann. Die Ausländerpolitik der Bundesrepublik Deutschland wendet diese ausländerfeindliche Reaktion
programmatisch an, wenn sie sich weigert, den Ausländern
bei fehlender, unzureichender oder verzögerter Identitätspassage die Statuspassage einzuräumen, d.h. ihn in seinen
Rechten und Pflichten dem Inländer gleichzusetzen.

Dieser Weigerung ist die gefährliche Tendenz eigentüm-
lich, sich zur dogmatischen Ausländerfeindlichkeit zu ver-
festigen. Deren Ziel ist es nicht, einen längerfristigen
Prozeß der Identitätspassage zu stimulieren, sondern diese
gerade zu verhindern. Sie konstruiert daher einen Sonder-
status von inferioren Mitgliedsrechten in der Gesellschaft,
dessen Widerspruch gegenüber dem für die Gesellschaft
grundlegenden Gleichheitspostulat sie mit der den Ausländern angelasteten Entscheidung gegen eine Identitäspassage
und mit dem Hinweis auf ihre durch die 'Erhaltung der Rück-
kehrbereitschaft' vorübergehende Erscheinung rechtfertigt"
(HOFFMANN/EVEN 1983, 67 f.).

Äußerungen über die oben beschriebenen Veränderungen
des sozialen und kulturellen Status der Ausländer in der
Bundesrepublik, die ausschließlich im Hinblick auf die
Bezugsgruppe, für die die Status- und Identitätspassage
als Problem im Artikel manifest wird, codiert wurden, lassen sich in der Presseberichterstattung über Ausländer relativ selten ermitteln: Nur in 57 Artikeln (= 12,1 % der
471 Ausländerbeiträge) der beiden Bielefelder Tageszeitungen werden Auswirkungen der Statuspassage problematisiert
(vgl. Abb. 4.18):

Abb. 4.18: Problematisierung der Veränderungen des sozialen
Status der Ausländer in der Bielefelder Presseberichterstattung

(Bezugsgruppe) Statuspassage (VAR 32)	NEUE WESTFÄLISCHE Anzahl d. Artikel	WESTFALEN-BLATT Anzahl d. Artikel	zusammen Anzahl d. Artikel	Anteil in v.H.
Inländer	9	2	11	19,3
Inländer und Ausländer	16	16	32	56,1
Ausländer	7	5	12	21,1
'ganz' bestimmte 'Handlungsträger'	1	1	2	3,5
zusammen:	33	24	57	100

Die soziale Anpassung der Ausländer an den Inländerstatus
wird nicht, wie man vielleicht annahm, vor allem als Problem
für die Inländer angesehen (in 11 Artikeln), sondern am
häufigsten für Inländer und Ausländer problematisiert (32
Artikel = 56,1 %).

In den Leserbriefen hingegen betrifft die Statuspassage
am meisten die Inländer (9 Artikel von insgesamt 19 mit
Statuspassage).

Dem Prozeß der kulturellen Anpassung der Ausländer an die
Identität der deutschen Bevölkerung und seiner Problematisierung für die einzelnen Bezugsgruppen widmet die Bielefelder Tagespresse noch weniger Aufmerksamkeit: Diese Variable kommt nur in insgesamt 36 Artikeln (= 7,6 % aller
471 ausländerspezifischen Beiträge) zur Sprache, wobei auch
hier wieder in diesmal 19 Artikeln Deutsche und Ausländer
als Betroffene benannt werden, während die Inländer (Deutschen) nur in 3 Artikeln in Erscheinung treten (vgl. Abb.
4.19):

Abb. 4.19: Das Problem der kulturellen Anpassung der
Ausländer in den Bielefelder Tageszeitungen

(Bezugsgruppe) Identitätspas- sage (VAR 33)	NEUE WESTFÄLISCHE Anzahl d. Artikel	WESTFALEN-BLATT Anzahl d. Artikel	zusammen Anzahl d. Artikel
Deutsche	3	0	3
Deutsche und Ausländer	11	8	19
Ausländer	5	8	13
'ganz' bestimmte 'Handlungsträger'	1	0	1
zusammen:	20	16	36

Für die Leserbriefschreiber in den Wochenzeitschriften
stellt die sich nur langsam entwickelnde kulturelle Anpassung der Ausländer überhaupt kein Problem für Deutsche und
Ausländer gleichzeitig dar. Sie problematisieren die Identitätspassage in 9 Leserbriefen (von insgesamt 18) für die
Ausländer alleine und in 8 Leserbriefen nur für uns Deutschen.

4.2.6 EIGENSCHAFTEN AUSLÄNDERFEINDLICHER AUSSAGEN UND
BESTREBUNGEN 'ANDERER'

Obwohl spätestens seit dem Winterhalbjahr 1981/82 (im Untersuchungszeitraum dieser Studie) ein auffälliges Anwachsen von gegen die Ausländer und ihre Anwesenheit in der
Bundesrepublik gerichteten Äußerungen und Handlungen, die
wir als Ausländerfeindlichkeit bezeichnen, zu erkennen
ist, nehmen in der Bielefelder Lokalpresse Bewertungen
über ausländerfeindliche Aussagen und Bestrebungen nur
einen relativ unwesentlichen Teil in der Berichterstattung über Ausländer ein. (Diese Variable wurde ausschließlich codiert, wenn vom Schreiber des Artikels ausländerfeindlichen Aussagen und Bestrebungen Eigenschaften zugewiesen werden (vgl. VAR 28).

Die beiden Bielefelder Tageszeitungen ordnen in insgesamt 56 Artikeln (= 11,9 % der 471 Ausländerartikel) Aussagen und Handlungen gegen die Ausländer in unserer Gesellschaft Attribute zu. Dabei unterscheiden wir zwischen Eigenschaften, die den ausländerfeindlichen Bestrebungen mehr
einen "schlechten Charakter" bescheinigen (Code 1: alarmierend, verachtenswert; Code 2: illegitim; Code 3: bedauerns-
wert; Code 4: unvermeidlich, erwartbar) und Eigenschaften,
die der Ausländerfeindlichkeit einen "guten Charakter"
(Code 6: unbewußt, nicht beabsichtigt, 'repräsentativ';
Code 7: gar nicht "ausländerfeindlich"; Code 8: mutig,
selbstlos,wehrbereit) zuweisen (vgl. Abb. 4.20):

Abb. 4.20: Benennungen von Eigenschaften ausländerfeind-
         licher Aussagen und Bestrebungen 'Anderer' in
         den Bielefelder Tageszeitungen und den Leser-
         briefen der Wochenzeitschriften SPIEGEL,
         STERN, QUICK und BUNTE ILLUSTRIERTE

Charaktereigen-schaften der Auslanderfeind-lichkeit (VAR 28)	NEUE WESTFÄLISCHE Anzahl d. Artikel	WESTFALEN-BLATT Anzahl d. Artikel	zus. Anzahl d. Artikel	Anteil in v.H.	WOCHENZEITSCHRIFTEN Anzahl d. Artikel	Anteil in v.H.
Schlechter Charakter	19	16	35	67,3	3o	78,9
Guter Charakter	11	6	17	32,7	8	21,1
zus. 1)	3o	22	52	1oo	38	1oo

1) Der Code 9 "Anderes" wird hier nicht zugeordnet, dadurch fallen bei der
NW 4 Artikel und bei den Wochenzeitschriften 18 Leserbriefe heraus.

Beide Bielefelder Zeitungen belegen mehrheitlich in 35
Artikeln die Ausländerfeindlichkeit'Anderer'mit schlechten
Charakterattributen (NW: 19 mal; WB: 16 mal), wobei von den
einzelnen Ausprägungen die Eigenschaften, die die Ausländerfeindlichkeit als alarmierend und verachtenswert anse-
hen, am häufigsten vorkommen (NW: 10 Artikel; WB: 7)
(vgl. VAR 28 im Anhang).

Als "gut" werden die gegen die Ausländer gerichteten
Aussagen und Handlungen in 11 Beiträgen der NEUEN WESTFÄ-
LISCHEN und 6 Artikeln des WESTFALEN-BLATTES eingestuft.
In diesen Ausländerbeiträgen tritt die Ketegorie "mutig,
selbstlos, wehrbereit" "nur" 1 mal in einem Leserbrief
in der NEUEN WESTFÄLISCHEN auf.

Die Leserbriefschreiber der Wochenzeitschriften, die
in insgesamt 56 Leserbriefen (= 31,1 % der 180 ausländerbezogenen Leserbriefe) die Ausländerfeindlichkeit 'Anderer'
mit Eigenschaften versehen, benutzen diese negative Kategorie überhaupt nicht. Sie schreiben ausländerfeindlichen
Bestrebungen sogar noch häufiger als die Tageszeitungen
einen "schlechten Charakter" zu (30 Leserbriefe gegenüber
8 mit "guten" Eigenschaften).

4.2.7 AUSLÄNDERFEINDLICHE ALLTAGSTHEORIEN

Alltagstheorien (I) können immer dann codiert werden, wenn
Begründungen für die Erwähnung von Ausländern, d.h. die
Nennungen "deutscher Ressourcen", der Nationalität, evtl.
genannter Persönlichkeitsmerkmale, der Probleme und ihrer
Ursachen miteinander argumentativ verknüpft werden (vgl.
VAR 27).

Ferner lassen sich Alltagstheorien (II) feststellen,
wenn Lösungsmöglichkeiten der Ausländerproblematik mit
den vorgenannten, oder aber mit verschiedenen Dimensionen
der Integration argumentativ verknüpft werden (vgl. VAR 34).

Insgesamt beträgt der Anteil der ermittelten ausländerfeindlichen Alltagstheorien an der gesamten Ausländerberichterstattung der Bielefelder Lokalpresse 16,6 % (= 78
Artikel mit Alltagstheorien, davon 45 in der NW und 33 im
WB). Dabei kommen folgende logische Verknüpfungen zwischen
erklärungsbedürftigen Sachverhalten und deutenden Wissensbeständen zur Anwendung (vgl. Abb. 4.21):

Abb. 4.21: Ausländerfeindliche Alltagstheorien in der
Ausländerberichterstattung der beiden Bielefelder Tageszeitungen und in den Leserbriefen
der Wochenzeitschriften

Alltagstheorien I (Verknüpfung)	NEUE WESTFÄLISCHE Anzahl d. Artikel	WESTFALEN-BLATT Anzahl d. Artikel	zusammen Anzahl d. Artikel	Anteil in v.H.	WOCHENZEITSCHRIFTEN Anzahl d. Artikel	Anteil in v.H.
Inländer→ Ausländer	11	11	22	42,3	11	
Ausländer→ Inländer	7	6	13	25,o	18	
Ausländer→ Ausländer	8	3	11	21,2	12	
Andere	3	3	6	11,5	8	
zusammen:	29	23	52	1oo	49	

Alltagstheorien II (Verknüpfung)	NEUE WESTFÄLISCHE Anzahl d. Artikel	WESTFALEN-BLATT Anzahl d. Artikel	zusammen Anzahl d. Artikel	WOCHENZEITSCHRIFTEN Anzahl d. Artikel	Anteil in v.H.
Lösung → Status	2	2	4	2	11,8
Andere → Status	3	1	4	5	29,4
Lösung → Identät	5	3	8	1	5,9
Andere → Identität	3	1	4	4	23,5
Status → Andere	o	2	2	3	17,6
Identität − Andere	o	o	o	2	11,8
Andere	3	1	4	o	o,o
zusammen:	16	1o	26	17	1oo

In 22 Leserbriefen der Bielefelder Zeitungen (vgl. Alltagstheorien I in Abb. 4.21 werden einzelne Dimensionen "deutscher Ressourcen" mit den Artikelinhalten "Nationalitäten",
"Persönlichkeitsmerkmalen", "Ausländerproblemen" oder "Ursachen der Ausländerproblematik" logisch verknüpft (VAR 22
mit VAR 23 - VAR 26), indem dem erklärungsbedürftigen Sachverhalt einer bestimmten Ressourcendimension mit Hilfe von
einem oder mehreren der genannten Artikelinhalte Geltung
verschafft wird.

In weiteren 13 Leserbriefen kommen 'umgekehrte' Verknüpfungen zum Einsatz: Es werden z.B. Ausländerprobleme unter
Zuhilfenahme von Verweisen auf das knapp gewordene soziale
Netz ("deutsche Ressourcen") gedeutet. 11 Leserbriefschreiber bauen ihre Alltagstheorien ausschließlich aus den Arti-

kelinhalten, die die Ausländer und ihre Probleme betreffen
(VAR 23 - VAR 26) auf.

Noch schwieriger erwies sich die Rekonstruktion der
Alltagstheorien (vgl. Alltagstheorien II in Abb. 4.21),
die Lösungsmöglichkeiten (VAR 29 - VAR 31) mit Statuspassage (VAR 32) oder Identitätspassage (VAR 33) oder
sogar mit ausländerbezogenen Artikelinhalten aus den oben
genannten Alltagshteorien und "deutschen Ressourcen" ver-
knüpften. Diese ausländerfeindlichen Alltagstheorien treten in insgesamt 26 Beiträgen der Bielefelder Tagespresse
(gegenüber 52 Alltagstheorien I) relativ selten auf.

Die Leserbriefschreiber in den Wochenzeitschriften
sind im Gegensatz zu den Tageszeitungen etwas "fleißiger"
bei der Formulierung von Alltagstheorien: In insgesamt 66
oder 36,7 % aller 180 ausländerbezogenen Leserbriefe (49
Alltagstheorien I, 17 Alltagstheorien II) versuchen sie
ihr durch die Anwesenheit der Ausländer beschädigtes Alltagswissen zu "heilen". Unsere Vermutung, daß in Leserbriefen Alltagstheorien häufiger auftreten, hat sich damit bestätigt.

4.2.8 GEFAHR DURCH AUSLÄNDER

Besonders in Krisenzeiten wird häufig von der "Überfremdung"
des deutschen Volkes durch die Ausländer gesprochen, ohne
daß diese Behauptung in irgendeiner Weise wissenschaftlich
abgesichert ist. Dazu kommen eindeutig negativ besetzte
Begriffe wie "Katastrophe", "Überflutung", "Schwemme" oder
"Lawine", die in Verbindung mit Ausländern oder "Asylanten"
unterschwellig Schaden, Vernichtung, Unheil und Gefahr signalisieren sollen.

"'Gutes' wird durch 'Schlechtes', die 'gute, ansässige
Rasse' wird durch eine 'von außen eindringende schlechter-
wertige' bedroht. Das Ziel der 'Abwehr' heiligt dann alle
Mittel (siehe Judenverfolgung und -vernichtung im National-
sozialismus)" (BAMMEL/MEHRLÄNDER/STRUCK 1984, 54).

Diese Gefahr für das deutsche Volk, die im Zusammenhang mit Handlungen der Ausländer als letzte Variable erhoben wurde, wobei der Begriff der Gefahr nicht als solcher
im Artikel fallen muß, sondern auch, wie oben genannt, in
Form von Umschreibungen auftreten kann, wird in den Bielefelder Tageszeitungen in 81 Artikeln (= 17,2 % der 471
Ausländerbeiträge) und in 35 Leserbriefen der Wochenzeitschriften (= 19,4 % der 180 ausländerspezifischen Leserbriefe) angesprochen (vgl. Abb. 4.22):

Abb. 4.22: "Gefahr durch Ausländer" in den Beiträgen der
Bielefelder Tageszeitungen und den Leserbriefen der vier Wochenzeitschriften

Gefahr durch Ausländer		NEUE WESTFÄLISCHE Anzahl d. Artikel	WESTFALEN-BLATT Anzahl d. Artikel	zusammen Anzahl d. Artikel	zusammen Anteil in v.H.	WOCHENZEITSCHRIFTEN Anzahl d. Artikel	WOCHENZEITSCHRIFTEN Anteil in v.H.
Keine/ weniger Gefahr	Vorbei	4	4	8	9,9	o	o,o
	Bestand	3	o	3	3,7	o	o,o
	Nimmt ab	2	1	3	3,7	o	o,o
Mehr Gefahr	Besteht	19	9	28	34,6	2o	57,1
	Könnte ent- stehen/zunehmen	23	16	39	48,1	15	42,9
zusammen:		51	3o	81	1oo	35	1oo

Die Bielefelder Lokalpresse veröffentlicht vorwiegend
mit 67 Artikeln (= 82,7 %) Beiträge, in denen von einer
bestehenden oder noch zunehmenden Gefahr für die Gesellschaft der Bundesrepublik durch Handlungen der Ausländer
berichtet wird. Die NEUE WESTFÄLISCHE "malt" dabei mit
42 Artikeln gegenüber dem WESTFALEN-BLATT mit 27 Beiträgen
diese Gefahr weitaus stärker "an die Wand".

Die Bielefelder Tageszeitungen müssen sich demnach die
Frage stellen, ob sie durch eine derartige Berichterstattung die in der Bevölkerung bestehenden Vorurteile über
Ausländer nicht eher verstärken als sachlich und vorur-
teilsfrei über die Ausländerproblematik zu berichten.

In den Leserbriefen der Wochenzeitschriften sprechen
die Autoren der 35 Leserbriefe sogar ausnahmslos von
einer bestehenden oder zunehmenden Gefahr, die durch die
Anwesenheit der Ausländer in der Bundesrepublik erzeugt
wird.

5. AUSLÄNDERBERICHTERSTATTUNG UND IHRE WIRKUNGEN

Man kann "ausländerfeindliche" Alltagstheorien als prag-
matische, sprachlich manifeste Formen von Aussagen auffas-
sen. Sie treten bevorzugt dann in der Kommunikation auf,
wenn durch die wechselseitig unterstellbaren Erwartungen
bzgl. der Ausländer das Alltagswissen über Ausländer nach-
haltig beschädigt wird. Mit Hilfe alltagstheoretischer Kon-
strukte kann das Alltagswissen erneut 'aufgebaut' werden.

In der Massenkommunikation lassen sich wahrscheinlich
hinreichend viele Beispiele dafür finden, wie Kommunikanden mit bestimmten Einstellungen und Vorurteilen gegenüber
Ausländern[1] "freiwillig" bestimmte Informationen suchen,
die ihre Meinung bestätigen und solche meiden bzw. "un-
freiwillig" aufnehmen, die bei ihnen kognitive Dissonanzen (vgl. FESTINGER 1957) erzeugen.

5.1 AUFMERKSAMKEIT ALS SELEKTIONSMECHANISMUS VON AUSLÄNDERBERICHTERSTATTUNG

Wir gehen davon aus, daß es bei der Presseberichterstattung über Ausländer nicht nur "the exceptions to other
wise consistent behaviour" sind, die unsere Aufmerksamkeit
erregen (FESTINGER 1957, 2). Wir behaupten darüber hinaus,
daß es die "thematische Relevanz" (i.S. "erzwungener Aufmerksamkeit") (SCHÜTZ/LUCKMANN 1979, 229) ist, die den
Leser bei seiner Rezeption aufmerksamer machen. Es sind
Aktualität und Publizität von Presseaussagen, die es ermöglichen, daß die Leser aufmerksamer werden, d.h. bestimm-

---

1) Zur Vorurteilsforschung vgl. statt anderer SCHÄFER/SIX
   (1978, 36 ff.); ESTEL (1983, 13 ff.)" WAGNER (1983, 5 ff.);
   UPMEYER (1985, 62 ff.); WILDER (1986, 300).
   Zu Vorurteilen und Stereotypen in den Medien vgl. DRÖGE
   (1967), die Reevaluation von SEITER (1986, 14 ff.).
   Zu Vorurteilen gegenüber Ausländern vgl. PANAHI (1980);
   VAN DIJK (1983); MAREFKA (1984); ÜCÜNCÜ (1986); HERBERT
   (1986, 74 ff.); MERTEN/RUHRMANN (1986, 20 ff.); LARSON
   (1985, 894 ff.); KNEEBONE (1985).

te Inhalte leichter wahrnehmen, zuverlässiger erinnern (erinnern und wissen!) und besser verstehen können (vgl. NORMAN 1976, 9): Die Leser können 'schneller' auf aktuelle Inhalte reagieren, indem sie z.B. ihr Alltagswissen bestätigen, verändern oder Alltagstheorien konstruieren.

"Die Konstruktion faktischer Information bei der Zeitungslektüre" (FRÜH 1983) ist mit einem zentralen Selektionsmechanismus verbunden, der Aufmerksamkeit (vgl. LUHMANN 1981, 316 ff.): Nur jeweils ein kleiner Ausschnitt verschiedenster ausländerbezogener Inhalte in den Zeitungsartikeln kann zum Zeitpunkt der Lektüre gleichzeitig ins Bewußtsein treten (vgl. PRINZ 1983, 60; KELLERMANN 1985; NEUMANN, 1985; CHAFFEE/SCHLEUDER 1986).

Neben strukturellen Faktoren für die Erregung von Aufmerksamkeit (Informationswert) (MCKAY 1969; MERTEN 1973) interessieren uns funktionale Dimensionen von Ereignissen, die mit Relevanz bezeichnet werden. Diese relative Eigenschaft von Geschehnissen läßt sich allerdings nicht wie der Informationswert i.S. einer Wahrscheinlichkeitsgröße messen, sondern wird bewertet. Diese qualitative Bewertung der Erwartung ergibt sich aus der Inkongruenz des objektiven Eintrittes eines Ereignisses und der subjektiven Ereigniswahrscheinlichkeit (vgl. MERTEN 1973, 219). Die Relevanz bestimmter Probleme der Ausländer, bestimmte Bedürfnisse von Zeitungslesern oder gewisse Konflikte in Relationen zu einem bestimmten Zeitpunkt bedeuten, daß alle Ereignisse, die mit diesen Problemen in einem Zusammenhang gesehen werden, es lösen oder vergrößern helfen: Die Ereignisse werden mit einer höheren Aufmerksamkeit belegt[1].

---

1) Alfred SCHÜTZ spricht im Kontext der Abhandlung über das Wissen von der Lebenswelt von "thematischer Relevanz", "Interpretationsrelevanz", und "Motivationsrelevanz", um verschiedene Bewertungen von Erwartungen zu kennzeichnen (vgl. SCHÜTZ/LUCKMANN 1979, 229 ff., 241 ff.): Die untereinander verflochtenen Relevanzstrukturen wirken in der Aktivierung des schon vorhandenen Wissensvorrats und in der Sedimentierung einer Erfahrung als eines Elements in

Wir unterscheiden zunächst <u>drei Ebenen der Wirksamkeit</u>
der Relevanzstrukturen in Ausländerartikeln. Ziel der vorliegenden Studie ist es, zunächst
- die <u>wertende</u> Relevanz, die Inkongruenz bei der routine-
  mäßigen Deutung zwischen berichtetem Thema und vorhandenen Wissenselementen in Form von negativen und positiven
  Interpretationstendenzen im Artikel aufzudecken (VAR 16);
- die <u>inhaltliche</u>Relevanz i.S. von Existenzrelevanz als
  Meinung über die Wichtigkeit eines Themas, die Problematik des Inhalts für die mögliche Betroffenheit des Lesers
  darzustellen (VAR 18)
- und den <u>"human touch"</u>, das "menschliche Interesse" als
  Mitgefühl, Neugierde und Sensationalismus auslösendes
  Merkmal einer Vielzahl von Artikeln zu bestimmen (VAR 19).

5.1.1 AKTUALITÄT BESTIMMTER AUSLÄNDERTHEMEN

Wir sind davon ausgegangen, daß der ausländerspezifische
Inhalt, dem in der Regel ein Ereignis (ein Anlaß, ein Topos)
zu Grunde liegt, je mehr Wirkung hat, desto aktueller er
für den Zeitungsleser ist.

Anhand der Grundauszählung der Aktualitätsvariablen
lassen sich bei den Informations- und Relevanzvariablen
in beiden Bielefelder Tageszeitungen Aktualitätsmittelwerte von Ausländerartikeln vergleichen (vgl. Abb. 5.1):

(Fortsetzung der Fußnote von Seite 102):

> der Struktur des Wissensvorrats (vgl. SCHÜTZ/LUCKMANN
> 1979, 270). Zu Aufmerksamkeit und gesprächsstiftenden
> Funktionen von Zeitungsartikeln über Ausländer vgl.
> vorläufig: HOFFMANN/EVEN(1985, 183 ff.).

Abb. 5.1: Vergleich der Aktualitätsmittelwerte von
Ausländerartikeln in der NEUEN WESTFÄLISCHEN
und im WESTFALEN-BLATT

Aktualitäts-Variable	Organ	
	NEUE WESTFÄLISCHE	WESTFALEN-BLATT
Überraschung VAR 47	3.84	3.17
Erwartbarkeit VAR 48	2.42	2.36
Wertende Relevanz VAR 16	4.83	4.57
Existenzrelevanz VAR 18	4.14	4.o9
Human Touch VAR 19	3.93	3.13

Dabei zeigt sich, daß die NEUE WESTFÄLISCHE höhere Informationswerte, insbesondere bei "Überraschung" (VAR 47)
aufweist als das WESTFALEN-BLATT. Die größeren Relevanzwerte, vor allem höhere Mittelwerte beim Human-Touch
(VAR 19) weist die NEUE WESTFÄLISCHE im Vergleich zum
WESTFALEN-BLATT auf.

   Ziel der weiteren Analyse ist es zu prüfen, ob bestimmte Ausländerthemen (Perspektiven und ihre möglichen Begründungen) informativer und relevanter als andere dargestellt bzw. rezipiert werden. Anhand von Kreuztabellen
wird kurz die Verteilung der Variablen Ausländerthema
(VAR 21), deutsche Ressourcen (VAR 22), Nationalität (VAR
23), Problemursache (VAR 26) und Lösungsmöglichkeiten
(VAR 29) auf verschiedene Dimensionen der Information
und Relevanz geprüft. Zudem werden einzelne Kategorien

der recodierten Variablen in Vier- bzw. Sechsfelder-Tabellen auf ihre Aktualität hin geprüft und - sobald organspezifische Unterschiede auftauchen - für die NEUE WESTFÄLISCHE und WESTFALEN-BLATT getrennt erläutert. So erhält man einen ersten Einblick in die Filterung bestimmter Ausländerthemen.

5.1.1.1 ALLGEMEINE AUSLÄNDERTHEMEN

Wir können feststellen, daß die dominierenden Themen Politik, Status, Identität und Kriminalität unterschiedliche Informationswerte und Relevanzen haben.
Ausländerpolitik ist in Artikeln beider Zeitungen[1] eher von wenig Überraschung (VAR 47) und Unsicherheit (VAR 48) gekennzeichnet. In den untersuchten Artikeln ist Politik darüber hinaus ein eher negativ eingeschätztes (VAR 16) Thema (Abb. 5.2), ein Umstand, der allerdings der Kritikfunktion der Presse bei der Vermittlung von Politik geschuldet ist. Artikel mit vorwiegend allgemein ausländerpolitischen Themen erzeugen im Vergleich zu anderen Themen relativ wenig human touch bzw. menschliches Mitgefühl.
Über 90% der Artikel mit ausländerpolitischen Themen lösen nur wenig human touch (VAR 19) beim Leser aus. Die Berichterstattung über Ausländerpolitik - so kann man vermuten - ist sachlich.

---

1) Eine nach Organen getrennte Auszählung ergibt weitgehende Übereinstimmung der Verteilung dieser Codes.

Abb. 5.2: Relevanzdimensionen der
Ausländerthematik

Ausländerthematik (VAR 21)	Wertende Relevanz (VAR 16)					
	Positiv	in %	Negativ	in %	zusammen	in %
Politik	37	14,2	48	22,9	85	18,0
Integration	29	11,1	19	9,0	48	10,2
Recht	16	6,1	12	5,7	28	5,9
Migration	12	4,6	3	1,4	15	3,2
Status	46	17,6	49	23,3	95	20,2
Gesundheit	5	1,9	0	0,0	5	1,1
Identität	62	23,8	7	3,3	69	14,6
Kriminalität	39	14,9	55	26,2	94	20,0
Anderes	15	5,7	17	8,1	32	6,8
zusammen:	261	55,4	210	44,6	471	100,0

Als induktive Hypothesen formuliert:

h_1: Die Darstellung der allgemeinen ausländerpolitischen
Thematik in der Bielefelder Tagespresse ist (für den
Durchschnittsleser) eher negativ relevant.

h_2: Die Darstellung der allgemeinen ausländerpolitischen
Thematik in der Bielefelder Tagespresse löst ver-
gleichsweise wenig menschliches Mitgefühl (bei den
Zeitungslesern) aus.

- STATUSTHEMATIK -

Zunächst ganz ähnliche Verteilungen auf die Variablen der
Relevanz zeigt das Thema Status. Es wird als Kategorie für
solche Artikelinhalte codiert, die formale, durch den Ge-
setzgeber festgelegte Rechte und Pflichten der Ausländer-
ihre institutionalisierten bzw. unvermeidlichen Partizipa-
tionsmöglichkeiten (vgl. GLASER/STRAUSS 1971, 2 ff.), ihre
Kenntnisse und Sozialtechniken zur Ausfüllung bzw. Beanspru-

chung des 'Inländerstatus' (vgl. HOFFMANN/EVEN 1983, 54 ff.)
behandeln.

Die wertende Relevanz (VAR 16) dieses Themas ist in beiden Zeitungen eher etwas negativ ausgeprägt. Die Existenzrelevanz von Status hat meistens mittlere Werte (vgl.
Abb. 5.2).

Interessant ist der Befund, daß in beiden Zeitungen im
Vergleich zu anderen Themen (vgl. Abb. 5.3) ein starker,
signifikanter Zusammenhang zwischen wenig human touch und
Statusfragen existiert (vgl. CRAMER'S V = 0.27; p $\leq$ 0.001).
Letztere erzeugen also nur selten starke Neugierde, Interesse oder menschliches Mitgefühl beim Bielefelder Zeitungsleser.

<u>Abb. 5.3:</u> Human Touch von Statusthemen

Human Touch (VAR 19)

Ausländerthema (VAR 21)	Wenig	in %	Mittel	in %	Viel	in %	zusammen	in %
Status	59	32,8	24	18,5	12	7,5	95	20,2
Andere Themen	121	67,2	106	81,5	149	92,5	376	79,8
zusammen:	180	38,2	130	27,6	161	34,2	471	100,0

Als induktive Hypothese formuliert:

h_3 : Statusthemen erzeugen im Vergleich zu anderen
   Ausländerthemen weniger menschliches Mitgefühl
   (beim Bielefelder Zeutungsleser).

- IDENTITÄTSTHEMATIK -

Deutliche Relevanzunterschiede zeigt das Thema "Identität"
(vgl. STRAUSS 1974, 95 ff., 107 ff.). Hiermit werden bewertete Lebensweisen der Ausländer-'Eigengruppe', ihre Verhaltensweisen in Alltagssituationen, ihre Sitten und Bräuche
sowie ihre allgemeinen kulturellen Traditionen (d.h. auch

folkloristische Ereignisse) codiert (vgl. HOFFMANN/EVEN
1983, 57 ff.; PAPCKE 1983).

Artikel mit Identitätsthemen weisen im Vergleich zu
Artikeln mit anderen Themen (vgl. Abb. 5.2) absolut und
relativ am häufigsten Formulierungen der Bekräftigung
oder der Ermunterung auf und werden als "gute" Nachrichten präsentiert: allein in 62 von 69 Artikeln mit Iden-
titätscodierungen ist die wertende Relevanz positiv. Den
Zusammenhang zwischen Identität bzw. anderen Themen und
wertender Relevanz (PHI = 0,29; p $\leq$ 0.001) zeigt für beide Bielefelder Tageszeitungen die folgende Abbildung
(Abb. 5.4):

Abb. 5.4: Wertende Relevanz von Identitätsthemen

Ausländerthema (VAR 21)	Wertende Relevanz (VAR 16)					
	Positiv	in %	Negativ	in %	zusammen	in %
Identität	62	23,8	7	3,3	69	14,6
Andere Themen	199	76,2	203	96,7	402	85,4
zusammen:	261	55,4	210	44,6	471	100,0

Chi^2 = 37,19   Signifikanz p $\leq$ 0.001

Phi = 0,28

Als induktive Hypothese formuliert:

h_4: Die Identitätsthematik der Ausländerberichterstattung der Bielefelder Tagespresse ist eher von positiver Relevanz (für den Durchschnittsleser).

In diesem Zusammenhang sind die Ergebnisse der Verteilung
der Identitätsartikel auf die human touch-Variable interessant (vgl. VAR 19). Betrachtet man alle 69 Artikel in
beiden Tageszeitungen, so zeigt sich, daß die Identität
der Ausländer tendenziell mehr mit Mitgefühl, bisweilen
sogar mit Sensationalismus präsentiert wird. Allerdings
ergeben sich bei genauerer Analyse unterschiedliche Ge-

wichtungen von Human Touch in beiden Bielefelder Zeitungen (vgl. Abb. 5.5):

Abb. 5.5: Human Touch von Identitätsthemen

NEUE WESTFÄLISCHE

Human Touch (VAR 19)

Ausländerthema (VAR 21)	Wenig	in %	Mittel	in %	Viel	in %	zusammen	in %
Identität	13	15,1	15	23,4	12	12,5	40	16,3
Andere Themen	73	84,9	49	76,6	84	87,5	206	83,7
zusammen:	86	35,0	64	26,0	96	39,0	246	100,0

$Chi^2 = 3,50$ Signifikanz: p = 0.17

CRAMER'S V = 0,11929

WESTFALEN-BLATT

Human Touch (VAR 19)

Ausländerthema (VAR 21)	Wenig	in %	Mittel	in %	Viel	in %	zusammen	in %
Identität	5	5,3	6	9,1	18	27,7	29	12,9
Andere Themen	89	94,7	60	90,9	47	72,3	196	87,1
zusammen:	94	41,8	66	29,3	65	28,9	225	100,0

$Chi^2 = 18,33$ Signifikanz: $p \leq 0.0001$

CRAMER'S V = 0,29

Während die NEUE WESTFÄLISCHE bei Identitätsthemen und anderen allgemeinen Ausländerthemen ähnliche Muster bei der Erzeugung von Human Touch und Neugier aufweist (CRAMER'S V = 0.12; n.s.), zeigt sich im WESTFALEN-BLATT ein deutlicher und signifikanter Zusammenhang zwischen Identitätsthemen und Human Touch (CRAMER'S V = 0.29; $p \leq 0.001$). Wir können davon ausgehen, daß das WESTFALEN-BLATT das Themengebiet des kulturellen Selbstverständnisses und der kulturellen Anpassung der Ausländer ihren Lesern insofern 'näher' bringt, als sie die Rezipienten eher zu Reaktionen des Mitgefühls und des menschlichen Interesses veranlaßt.

Die existenzielle Relevanz der Identitätsthemen ist in
beiden Bielefelder Tageszeitungen nicht sehr groß (vgl.
Abb. 6.7). Während bei 148 Artikeln mit allgemeinen Ausländerthemen die Problematik für den deutschen Leser von hoher
Existenzrelevanz ist, sind es bei dem Thema "Identität" nur
drei Artikel, die den deutschen Leser stark betroffen machen.
Der Zusammenhang zwischen Identität/andere Themen und wenig
Existenz-Relevanz ist signifikant hoch (CRAMER'S V = 0.40;
p ≤ 0.001).

Abb. 5.6: Existenzrelevanz von Identität und andere
Themen in beiden Bielefelder Tageszeitungen

Existenzrelevanz (VAR 16)

Ausländerthema (VAR 21)	Wenig	in %	Mittel	in %	Viel	in %	zusammen	in %
Identität	41	40,2	25	11,5	3	2,0	69	14,6
Andere Themen	61	59,8	193	88,5	148	98,0	402	85,4
zusammen:	102	21,7	218	46,3	151	32,1	471	100,0

Chi^2 = 74,36   Signifikanz: P ≤ 0.0
CRAMER'S V = 0.40

Als induktive Hypothese formuliert:

h_5: Die Identitätsthematik der Ausländerberichterstattung
hat in der Bielefelder Tagespresse im Vergleich zu anderen Themen wenig Existenzrelevanz (für den Durchschnittsleser).

- KRIMINALITÄT -

Das zweithäufigste aller Ausländerthemen ist Kriminalität
(vgl. Kap. 4, Abb. 5.2). Berichte über (Ausländer-)Krimina-
lität lösen im Vergleich zu anderen Artikeln grundsätzlich
viel Aufmerksamkeit aus. "Crime news receives ample attention
as compared to other types of news. By social significance
criteria, it is excessive" (GRABER 1979, 91).

Für die Variable "Wertende Relevanz" von Ausländerkriminalität findet man in beiden Bielefelder Tageszeitungen
interessante Unterschiede (vgl. Abb. 5.7): In der NEUEN
WESTFÄLISCHEN liest man - wie zu erwarten - Kriminalitätsartikel im Vergleich zu anderen Artikeln häufiger in einem
Kontext von Streit, einer Entwicklung zum Schlechten oder
eines unerträglichen Zustandes (PHI = 0.22; p ≤ 0.001).
Im WESTFALEN-BLATT hingegen wird von 39 Artikeln der Krimi-
nalitätsbericht-Erstattung allein in 22 Artikeln der Ein-
druck erzeugt, daß Betrügereien, Diebstähle, Mord (Versu-
che), Schlägereien oder Vergewaltigungen von Ausländern
eher von positiver als von negativer Relevanz sind. Hier
besteht kein signifikanter Zusammenhang zwischen Krimina-
lität/andere Themen und der negativen Relevanz (PHI =
0.03; n.s.). Trotz der (auf Grund von Recodierungen) relativ

Abb. 5.7: Wertende Relevanz von Kriminalität
und anderen Themen

NEUE WESTFÄLISCHE

Wertende Relevanz (VAR 16)

Ausländerthema (VAR 21)	Positiv	in %	Negativ	in %	zusammen	in %
Kriminalität	17	13,4	38	31,9	55	22,4
Andere Themen	110	86,6	81	68,1	191	77,6
zusammen:	127	51,6	119	48,4	246	100,0

Chi^2 = 11,12   Signifikanz: P ≤ 0.001
PHI = 0,22

WESTFALEN-BLATT

Wertende Relevanz (VAR 16)

Ausländerthema (VAR 21)	Positiv	in %	Negativ	in %	zusammen	in %
Kriminalität	22	16,4	17	18,7	39	17,3
Andere Themen	112	83,6	74	81,3	186	82,7
zusammen:	134	59,6	91	40,4	225	100,0

Chi^2 = 0,06   Signifikanz: p = 0.7943
PHI= 0,03

groben Dichitomisierung in positive und negative Wertung (vgl. VAR 16) kann zunächst davon ausgegangen werden, daß Ausländerkriminalität im WESTFALEN-BLATT grundsätzlich nicht so negativ wie in der NEUEN WESTFÄLISCHEN bewertet wird.

Auch bei der Existenzrelevanz (vgl. Abb. 5.8) zeigt sich, daß im WESTFALEN-BLATT die Kriminalitätsartikel offensichtlich seltener als in der NEUEN WESTFÄLISCHEN beim Leser viel Betroffenheit auslöst (vgl. Abb. 5.2).

Abb. 5.8: Existenzrelevanz von Kriminalität und anderen Themen

NEUE WESTFÄLISCHE

Existenzrelevanz (VAR 18)

Ausländerthema (VAR 21)	Wenig	in %	Mittel	in %	Viel	in %	zusammen	in %
Kriminalität	5	8,8	16	15,5	34	39,5	55	22,4
Andere Themen	52	91,2	87	84,5	52	60,5	191	77,6
zusammen:	57	23,2	103	41,9	86	35,0	246	100,0

Chi^2 = 23,44   Signifkanz: $p \leq 0.000$
CRAMER'S V = 0,31

WESTFALEN-BLATT

Existenzrelevanz (VAR 18)

Ausländerthema (VAR 21)	Wenig	in %	Mittel	in %	Viel	in %	zusammen	in %
Kriminalität	0	0,0	20	17,4	19	29,2	39	17,3
Andere Themen	45	100,0	95	82,6	46	70,8	186	82,7
zusammen:	45	20,0	115	51,1	65	28,9	225	100,0

Chi^2 = 15,85   Signifikanz: $p \leq 0.001$
CRAMER'S V = 0,27

Ebenfalls fällt auf, daß der Sensationalismus (vgl. Abb. 6.11) der Kriminalitätsberichte im WESTFALEN-BLATT 'gemäßigter' ausfällt als in der NEUEN WESTFÄLISCHEN. Während im WESTFALEN-BLATT 21 Artikel hochsensationell

sind, sind es in der NEUEN WESTFÄLISCHEN doppelt so viel,
nämlich 42 Artikel, die beim Leser starke Neugier und sensationelle Eindrücke hinterlassen. Zusammenfassend läßt
sich sagen, daß Ausländerkriminalität in der NEUEN WESTFÄ-
LISCHEN höhere Relevanzwerte als im WESTFALEN-BLATT besitzt.

Abb. 5.9: Human Touch von Kriminalität
und anderen Themen

NEUE WESTFÄLISCHE

Human Touch (VAR 19)

Ausländerthema (VAR 21)	Wenig in %		Mittel in %		Viel in %		zusammen in %	
Kriminalität	1	1,2	12	18,5	42	43,8	55	22,4
Andere Themen	85	98,8	52	81,3	54	56,3	191	77,6
zusammen:	86	35,0	64	26,0	96	39,0	246	100,0

$Chi^2 = 48,04$ Signifikanz: $p \leq 0.0001$
CRAMER'S V = 0,44

WESTFALEN-BLATT

Human Touch (VAR 19)

Ausländerthema (VAR 21)	Wenig in %		Mittel in %		Viel in %		zusammen in %	
Kriminalität	2	2,1	16	24,2	21	32,3	39	17,3
Andere Themen	92	97,9	50	75,8	44	67,7	186	82,7
zusammen:	94	41,8	66	29,3	65	28,9	225	100,0

$Chi^2 = 27,53$ Signifikanz: $p \leq 0.0001$
CRAMER'S V = 0,35

Als induktive Hypothese formuliert:

h_6: Berichterstattung über Kriminalität von Ausländern
löst (bei den Lesern der Bielefelder Zeitungen)
viel 'human touch' aus.

5.1.1.2 DEUTSCHE RESSOURCEN

Mit dieser Variable werden weitverbreitete Begründungsmuster für die 'Abwehr' von - durch die Anwesenheit der
Ausländer ausgebrochenen - sozialen Konflikte und Wandlungsprozesse codiert. Die Formulierung "deutsche Ressourcen" soll aber auf den ambivalenten Charakter dieser Begründung hinweisen: Zum einen wird scheinbar mit objekti-
vierbaren bzw. quantifizierbaren ökonomischen Größen wie
den 'knappen' Reserven des produktiv erwirtschafteten
Volkseinkommens (Sozialprodukt), den verteilten wohlfahrtsstaatlichen Leistungen (soziales Netz) und den restriktiven
Arbeitsmarktbedingungen gegen die Anwesenheit der Ausländer argumentiert. Wir wollen diese Kategoriengruppe "wirtschaftliche Ressourcen" nennen. Wir werden diese politischen Verweisungssymbole[1] den "symbolischen Ressourcen"
gegenüberstellen. Diese Verdichtungssymbole sind nicht
deshalb für eine gegen die Anwesenheit von Ausländern gerichtete Argumentation nützlich, weil sie tendenziell das
Logische der Situation einer multikulturellen Gesellschaft
und ihre Bewältigung erleichtern, sondern weil sie Emotio-
nen gegen die Ausländer wecken: Der Verweis auf kollektive
Besitzstände und Sicherheit und Ordnung erzeugt Stolz auf
das Erworbene und gleichzeitig Angst um seinen Verlust. Die
mangelnde Bearbeitung deutscher Geschichte, insbesondere
aber der Rationalität ihrer vermuteten bzw. ihr unterstell-
ten Triebkräfte in Form von Wanderungsprozessen ("Andrang"),
Bevölkerungsentwicklung ("Überbevölkerung") oder humangene-
tischer Faktoren ("rassische" Überlegenheit des "deutschen
Volkes") erzeugen kollektive Ängste um die "Stabilität des
Systems", aber auch wehmütige Gedanken an den vergangenen
Glanz des "Deutschen Reiches" oder den Schmach der "deutschen" Niederlage. Es handelt sich mithin um "deutsche" Reaktionen in Begriffen, "die inflationär die ausländerfeindlichen Äußerungen begleiten" (HOFFMANN/EVEN 1983, 49).

---

1) bzw. die ideologischen (deutschen) Verdichtungssymbole,
   vgl. bereits SAPIR (1934, 492 ff.); vgl. auch EDELMAN
   (1976).

Die Ergebnisse der Ermittlung möglicher Wirkungen dieser Inhalte verdeutlicht die folgende Abbildung (Abb.
5.10):

Abb. 5.10: Relevanzdimensionen von deutschen Ressourcen
in beiden Bielefelder Tageszeitungen

Human Touch (VAR 19)

Deutsche Ressourcen (VAR 22)	Wenig in %		Mittel in %		Viel in %		zusammen in %	
Sozialprodukt	5	4,7	4	5,0	5	6,9	14	5,4
Soziales Netz	65	61,3	34	42,5	25	34,7	124	48,1
Kollektiver Besitz	3	2,8	7	8,8	8	11,1	18	7,0
Kollektive Sicherheit	3	2,8	15	18,8	17	23,6	35	13,6
Arbeitsplätze	18	17,0	6	7,5	2	2,8	26	10,1
Übervölkerung	4	3,8	6	7,5	5	6,9	15	5,8
Überfremdung	1	0,9	4	5,0	4	5,6	9	3,5
Stabilität	3	2,8	1	1,3	2	2,8	6	2,3
Anderes	4	3,8	3	3,8	4	5,6	11	4,3
zusammen:	106	41,1	80	31,0	72	27,9	258	100,0

Analysiert man die Relevanzen der deutschen Ressourcen,
ergibt sich für die wertende Relevanz ein unterschiedliches
Bild: die positiven und negativen Bewertungstendenzen sind
im Kontext Sozialprodukt und annähernd auch bei Artikeln
über das soziale Netz ausgeglichen. Die wertende Relevanz
der Diskussion um fehlende Arbeitsplätze und die bedrohte
kollektive Sicherheit ist im ausländerpolitischen Kontext
negativ. Der Andrang, die geographische Fläche und die
Übervölkerung werden hingegen in beiden Bielefelder Zeitungen eher neutral im Sinne des Status quo ("positiv"),
als kritisch, unerträglich oder bedrohend ("negativ") in-
terpetiert.

Eine starke "existenzielle Relevanz" ergibt sich für den
Bielefelder Zeitungsleser vor allem in Nachrichten und Kom-

mentaren über das soziale Netz und die Arbeitsplätze aber
auch über das Sozialprodukt. Auch Artikel, die kollektive
Sicherheit thematisieren, sind von hoher existenzieller
Relevanz für den Leser. Übervölkerung, Überfremdung und
Stabilität werden jedoch in Zeitungsberichten genannt, die
in beiden Zeitungen nur mittlere Existenzrelevanz besitzen.

Die Erzeugung von Neugier und Sensation (Human Touch)
in neun Artikeln mit Überfremdungsargumenten ist allein
in acht Artikeln mittelmäßig oder stark. Auch die 35 mal
erwähnte kollektive Sicherheit ist 33 mal für den Bielefelder Zeitungsleser ein Thema, das ziemlich viel Human
Touch besitzt. Als weitere Kategorie der "symbolischen
Ressourcen" wird häufig die Übervölkerung (der Andrang
der Ausländer bei konstanter Fläche der Bundesrepublik)
als Sensation empfunden.

Bei den als "Verweisungssymbole" interpretierten "wirtschaftliche Ressourcen" hingegen ist das Verhältnis von
wenig : mittel/viel Human Touch beim sozialen Netz 65 :
59, bei Arbeitsplätzen 18 : 8, beim Sozialprodukt jedoch
5 : 9. Diese Artikel ziehen also eher wenig menschliches
Interesse und Neugier auf sich. Es existieren allerdings
organspezifische Unterschiede (vgl. Abb. 5.11): Im WESTFA-
LEN-BLATT ist der Zusammenhang von Ressourcen-Dimensionen
und Human Touch (CRAMER'S V = 0.26; p $\leq$ 0.02) deutlich
geringer ausgeprägt als in der NEUEN WESTFÄLISCHEN
(CRAMER'S V = 0.43; p $\leq$ 0.001), was darauf schließen
läßt, daß die NEUE WESTFÄLISCHE beim Lesen tendenziell
ausländerfeindlicher Begründungsmuster häufiger als das
WESTFALEN-BLATT menschliches Interesse und Mitgefühl, aber
auch Neugier und Sensation hervorruft.

Abb. 5.11: Human Touch von "wirtschaftlichen"
und "symbolischen" Ressourcen

NEUE WESTFÄLISCHE

Human Touch (VAR 19)

Deutsche Ressourcen (VAR 22)	Wenig	in %	Mittel	in %	Viel	in %	zusammen	in %
"Wirtschaftliche" Ressourcen	46	86,8	20	51,3	14	38,9	80	62,5
"Symbolische" Ressourcen	7	13,2	19	48,7	22	61,1	48	37,5
zusammen:	53	41,4	39	30,5	36	28,1	128	100,0

$Chi^2 = 24,00$ Signifikanz: $p \leq 0.0001$
CRAMER'S V = 0,43

WESTFALEN-BLATT

Human Touch (VAR 19)

Deutsche Ressourcen (VAR 22)	Wenig	in %	Mittel	in %	Viel	in %	zusammen	in %
"Wirtschaftliche" Ressourcen	42	79,2	24	58,5	18	50,0	84	64,6
"Symbolische" Ressourcen	11	20,8	17	41,5	18	50,0	46	35,4
zusammen:	53	40,8	41	31,5	36	27,7	130	100,0

$Chi^2 = 8,98$ Signifikanz: $p \leq 0.05$
CRAMER'S V = 0,26

Als induktive Hypothese formuliert:

h_7: "Wirtschaftliche Ressourcen" werden in der ausländerbezogenen Bielefelder Presse mit wenig, "symbolische"
Ressourcen mit viel Human Touch berichtet.

5.1.1.3 NATIONALITÄTEN

Im folgenden Abschnitt soll untersucht werden, mit welchen
Relevanzwerten in Zeitungsartikeln von Nationalitäten (Herkunftsländer der Ausländer) berichtet wird (vgl. Abb. 5.12).

Abb. 5.12: Relevanzdimensionen von Nationalitäten
in beiden Bielefelder Tageszeitungen

	Wertende Relevanz (VAR 16)					
Nationalität (VAR 23)	Positiv	in %	Negativ	in %	zusammen	in %
Türkei	71	42,3	71	53,4	142	47,2
Afrika	0	0,0	1	0,8	1	0,3
Griechenland	6	3,6	3	2,3	9	3,0
Italien	13	7,7	12	9,0	25	8,3
Spanien/Portugal	5	3,0	2	1,5	7	2,3
Jugoslawien	14	8,3	7	5,3	21	7,0
Asien	18	10,7	16	12,0	34	11,3
Türkei u.Genannte	29	17,3	13	9,8	42	14,0
Andere	12	7,1	8	6,0	20	6,6
zusammen:	168	55,8	133	44,2	301	100,0

Bezüglich der wertenden Relevanz werden die Türken ebenso oft in neutralen, bestätigenden, positiven und "guten"
Nachrichten wie auch in "negativen" Nachrichten erwähnt
(71 : 71). Bei Mitteilungen der übrigen Herkunftsländer
(Griechenland, Italien, Spanien und Portugal, Jugoslawien,
Asien u.a.) dominieren positive Relevanzen: insgesamt sind
55,8 % aller Nationalitätsnennungen für den Leser eher von
positiver Bedeutung, während bei 44,2 % der Artikel die
wertende Relevanz negativ ist.

Befragt man die Artikel danach, wie stark die Nennung
von Nationalitäten den Leser existenzmäßig betrifft, ergibt sich ein für die einzelnen Herkunftsländer der Ausländer unterschiedliches Bild. Während die Griechen für die

Leser wenig existenzrelevant sind, ist bei Italienern
und Jugoslawen die Existenzrelevanz in den meisten Fällen stark. Artikel mit der Nennung von Türken weisen sehr
häufig mittlere oder viel Existenzrelevanz auf und wirken
damit auf den Leser besonders stark. Betrachtet man alle
Nennungen der "Türken"[1] und vergleicht sie mit anderen
Nationalitäten, so zeigen sich bemerkenswerte Unterschiede zwischen beiden Bielefelder Tageszeitungen (vgl. Abb.
5.13): In der NEUEN WESTFÄLISCHEN ist im Falle der starken Existenzrelevanz überhaupt keine 'Begünstigung' von
"Türken" im Vergleich zu anderen Nationalitäten im Artikel
zu beobachten (vgl. CRAMER'S V = 0,05 n.s.). Im WESTFALEN-
BLATT existiert ein auffälliger Zusammenhang zwischen

Abb. 5.13: Existenzrelevanz von Türken und
anderen Nationalitäten

NEUE WESTFÄLISCHE

Existenzrelevanz (VAR 18)

Nationalität (VAR 23)	Wenig	in %	Mittel	in %	Viel	in %	zusammen	in %
Türken	20	52,6	28	47,5	34	53,1	82	50,9
Andere	18	47,4	31	52,5	30	46,9	79	49,1
zusammen:	38	23,6	59	36,6	64	39,8	161	100,0

Chi^2= 0,45   Signifikanz: p = 0.7977
CRAMER'S V = 0, 05

WESTFALEN-BLATT

Existenzrelevanz (VAR 18)

Nationalität (VAR 23)	Wenig	in %	Mittel	in %	Viel	in %	zusammen	in %
Türken	2	9,5	43	56,6	15	34,9	60	42,9
Andere	19	90,5	43	43,4	28	65,1	80	57,1
zusammen:	21	15,0	76	54,3	43	30,7	140	100,0

Chi^2= 16,48   Signifikanz: p $\leq$ 0.001
CRAMER'S V = 0,34

1) Dafür wurden Code 1 und Code 8 von VAR 23 zu "Türken"
recodiert.

"Türken"/andere Nationalitäten auf der einen Seite und
stärkere Existenzrelevanz auf der anderen Seite (CRAMER'S
V = 0.34; p ≤ 0.001). Im <u>WESTFALEN-BLATT</u> berührt die Nennung von "Türken" im Artikel den Leser also häufiger
existenzmäßig stark und vermittelt ihren Lesern den Ein-
druck, die Türken seien ein großes Existenzproblem für
die Deutschen.

Für die meisten Herkunftsländer ist - bis auf Spanien
und Portugal - der Human Touch stark: Während 24,3 % aller
genannten Nationalitätsartikel wenig Human Touch haben,
weisen 29,9 % dieser Artikel mittlere und 45,8 % dieser
Artikel viel Neugier, Sensation und Mitgefühl auf. Man
kann also bei Zeitungsberichten, die explizit über die
Nationalitäten der Ausländer informieren, grundsätzlich
mit viel Interesse und Neugier der Rezipienten rechnen.
Abschließend sei folgende induktive Hypothese formuliert:

h_8: Zeitungsartikel mit Nennung der türkischen Nationalität der Ausländer haben (für den Bielefelder Durchschnittsleser) mehr Existenzrelevanz.

5.1.1.4 URSACHEN DER AUSLÄNDERPROBLEME

Wir gehen davon aus, daß insbesondere die Erwähnung von
Ursachen der Ausländer- und Asylantenproblematik durch
die Presse Ausgangspunkt explizit ausländerfeindlicher
Aussagen sein kann. Über die Art und Weise der Rezeption
von Ursachen der Ausländerprobleme entscheiden aber nicht
nur die unterschiedlichen inhaltlichen Gründe, sondern
vor allem die ihnen entgegengebrachte Aufmerksamkeit durch
die Leser. Sie wird wesentlich durch die Relevanz der prä-
sentierten Gründe gesteuert.

Abb. 5.14: Relevanzdimensionen von Ursachen der
Ausländerproblematik in beiden
Bielefelder Tageszeitungen

Wertende Relevanz (VAR 16)

Problemursache (VAR 26	Positiv in %		Negativ in %		zusammen in %	
Entscheidungen von Institutionen	8	12,9	28	19,3	36	17,4
Motive d.Deutschen	5	8,1	12	8,3	17	8,2
Motive d.Ausländer	10	16,1	27	18,6	37	17,9
Diskriminierung	10	16,1	28	19,3	38	18,4
Aktionen der Ausländer	11	17,7	22	15,2	33	15,9
Manipulation	2	3,2	10	6,9	12	5,8
Wirtschaftskrise	5	8,1	8	5,5	13	6,3
Gar keine Ursachen	2	3,2	0	0,0	2	1,0
Andere	9	14,5	10	6,9	19	9,2
zusammen:	62	30,0	145	70,0	207	100,0

Bei der Analyse wertender Relevanz für Artikel mit Ursachen der Ausländer/Asylantenproblematik fällt auf, daß
70 % aller Ursachen negativ bewertet werden. Das Verhältnis negativer : positiver Relevanzen ist bei Manipulation
10 : 2, bei institutionellen Gründen 28 : 8, bei Diskriminierung 28 : 10, bei Motiven der Ausländer 27 : 10, bei
Motiven der Deutschen 12 : 5 und bei Aktionen der Ausländer 22 : 11. Alle diese Ursachen werden als unerträglicher
Zustand oder Bedrohung kritisiert. Dies zeigt, daß die
Presse "ausländerfeindliche" Gründe häufig in Artikeln
formuliert, die für den Leser negative Relevanz haben.

Bei der Betrachtung der inhaltlichen Relevanz der publizierten Problemursachen wird deutlich, daß insbesondere
institutionelle Gründe, Diskriminierung, Motive der Ausländer und Aktionen der Ausländer viel Bedeutung für den deutschen Leser haben.

Der Human Touch in diesen Artikeln ist besonders dann
hoch, wenn von Motiven und Aktionen der Ausländer (18,3 %),
aber auch von Diskriminierung (durch die Deutschen) (16,9%)
die Rede ist.

Festzuhalten bleibt als induktive Hypothese:

h_9: Die Bielefelder Tagespresse berichtet von tendenziell "ausländerfeindlichen" Gründen und Ursachen der Ausländerproblematik häufiger in Artikeln, die (für den Durchschnittsleser) von negativer Relevanz sind.

5.1.1.5 LÖSUNGSMÖGLICHKEITEN FÜR DIE AUSLÄNDERPROBLEMATIK

Zuletzt wollen wir Relevanzdimensionen der entscheidenden Vorschläge zur Lösung der Ausländerproblematik untersuchen.

Die Lösungsmöglichkeiten werden insgesamt eher negativ (58,3 %) als positiv (41,7 %) eingeschätzt, wozu insbesondere die negative Relevanz institutioneller Gründe (52,4 %) beiträgt. Hingegen werden "anderer Umgang mit Ausländern", "Begrenzung des Ausländeranteils", insbesondere aber die "Rückkehrhilfe" (zehn positive Relevanzen bei 13 Fällen) in den untersuchten Artikeln der Bielefelder Presse positiv, d.h. als Bestätigung, aber auch als Ermunterung oder gar als Entwicklung zum "Guten" formuliert.

Die von den Zeitungen thematisierten Lösungsmöglichkeiten haben eher mittlere und stärkere Relevanz. Politik und Recht als institutionalisierte Handlungsfelder sind dabei diejenigen gesellschaftlichen Teilbereiche, die in 43% bzw. 64,3% der jeweiligen Fälle mittlere und viel inhaltliche Relevanz für den Leser haben. Stellt man diese Lösungsdimensionen allen anderen, darunter den zur "Ausländerfeindlichkeit" neigenden Vorschlägen wie Rückkehrhilfe, Begrenzung, gar keine Lösung, Anderes und Gewalt gegenüber, stellen sich starke organspezifische Unterschiede heraus (vgl. Abb. 5.15). Die inhaltliche Relevanz der Lösungsmöglichkeiten durch/in "Recht und Politik" hat in der NEUEN WESTFÄLISCHEN vergleichsweise viel inhaltliche Relevanz. "Ausländerfeindliche" Lösungen hingegen haben in dieser Zeitung häufiger geringe inhaltliche Rele-

vanz. Es besteht ein signifikanter Zusammenhang zwischen
institutionellen Lösungen ("Politik und Recht") mit hoher
inhaltlicher Relevanz auf der einen Seite sowie anderen/
ausländerfeindlichen Lösungsmöglichkeiten mit geringer
inhaltlicher Relevanz auf der anderen Seite (CRAMER'S V =
0.43; $p \leq 0.001$). Im WESTFALEN-BLATT wird dem Leser für
politische und rechtliche Lösungsmöglichkeiten weniger
Aufmerksamkeit vermittelt. Die tendenziell nicht "ausländerfeindlichen" Lösungen haben hier geringere existenzielle Relevanz. Andererseits haben "ausländerfeindliche"
Lösungsvorschläge im WESTFALEN-BLATT häufiger mittlere oder
viel Existenzrelevanz. Gleichwohl besteht hier kein signifikanter Zusammenhang zwischen anderen/"ausländerfeindlichen"
Lösungen und viel Existenzrelevanz einerseits und institutionellen Lösungen und weniger Existenzrelevanz andererseits (CRAMER'S V = 0.06; n.s.).

Anderer Umgang mit Ausländern sowie politisch-rechtliche
Lösungsmöglichkeiten lösen viel Neugier aus und erregen eher
das menschliche Interesse der Leser. Der Human Touch für
thematisierte Rückkehrhilfe und auch für Begrenzung des Ausländeranteils ist häufig gering oder nur mittelstark. Zumindest diese "ausländerfeindlich" formulierten Lösungsmöglichkeiten sind in beiden Zeitungen nur mäßig mit Sensationalismus verknüpft.

Abb. 5.15: Existenzrelevanz von politisch-rechtlichen
und anderen ("ausländerfeindlichen")
Lösungsmöglichkeiten

NEUE WESTFÄLISCHE

Existenzrelevanz (VAR 18)

Lösung (VAR 29)	Wenig in %		Mittel in %		Viel in %		zusammen in %	
Politik und Recht	1	12,5	17	38,6	18	78,3	36	48,0
Andere u.A.-Feindliche	7	87,5	27	61,4	5	21,7	39	52,0
zusammen:	8	10,7	44	58,7	23	30,7	75	100,0

Chi^2 = 14,02   Signifikanz: $p \leq 0.001$
CRAMER'S V = 0.43

WESTFALEN-BLATT

Existenzrelevanz (VAR 18)

Lösung (VAR 29)	Wenig	in %	Mittel	in %	Viel	in %	zusammen	in %
Politik und Recht	3	37,5	20	47,6	9	47,4	32	46,4
Andere u.A.-Feindliche	5	62,5	22	52,4	10	52,6	37	53,6
zusammen:	8	11,6	42	60,9	19	27,5	69	100,0

$Chi^2 = 0.28$ Signifikanz: $p = 0.8663$
CRAMER'S V = 0.06

Auch hier sollte man berücksichtigen, daß eine Gewichtung der formulierten Lösungsvorschläge als Aussage, Argument oder beherrschendes Thema des Berichts nicht berücksichtigt werden konnte. Die Ergebnisse beziehen sich hier ebenfalls auf die Wirkung des ganzen Artikels. Als induktive Hypothese bleibt festzuhalten:

h_{10}: Tendenziell ausländerfeindliche Lösungen werden in den Bielefelder Tageszeitungen häufiger in Artikeln mit geringerer Existenzrelevanz (für den Durchschnittsleser) erwähnt.

6. ZU BEWERTUNGEN, FORDERUNGEN UND PROGNOSEN AN/ÜBER AUSLÄNDER

6.1 KOMMENTATION

Von einer Nachricht über Ausländer nimmt man an, ja kann man sogar normativ erwarten, daß Informationen und Kommentar getrennt, Nachricht und Meinung[1] unterscheidbar sind. Nachrichten sollen meinungsfrei und ohne Bewertung formuliert werden (vgl. SCHÖNBACH 1977).

Der folgende Abschnitt untersucht einen inhaltlichen Rahmenfaktor für die Wirkung von ausländerspezifischen Zeitungstexten, die Kommentation. Darunter fallen Bewertungen, Handlungsanweisungen und Prognosen, die eine Kommentierung des Inhaltes in bezug auf den Leser leisten können. Vom Kommunikator, d.h. der Zeitung, werden Strategien angewendet, die grundsätzlich in bezug auf den eigentlichen, d.h. ausländerspezifischen Inhalt formuliert werden müssen. Die Kommentation erbringt unmittelbare Bewertung des Inhalts. Die Bewertungen lassen sich an sozialen Standards festmachen und haben für den Leser Orientierungsfunktion. Kommentation hat selektive Funktionen (vgl. MERTEN 1977, 1983)[2] und stellt eine Meta-Aussage dar.

---

1) Vgl. zu psychologischen Entstehungsbedingungen von Meinung im Kontext deutscher Nachkriegszeitungen VOLMERT (1979, 19 ff.). Zu Definitionsversuchen von Nachricht vgl. BENNET (1983, 125 ff.); RUHRMANN (1986, 8 ff.).

2) Der Codierer verfügt auf der pragmatischen Ebene über einen subjektiv-pragmatischen Kalkül. "Die Interpretation eines jeden Dokumentes, Romanes oder Zeitungsartikels unterliegt stets einer Re-Interpretation bei 'weiterer Überlegung' oder zusätzlicher Information" (CICOUREL 1974, 219). Da aber die Regeln, nach denen auf der pragmatischen Ebene durch Selektion Sinn erzeugt wird (vgl. LUHMANN 1971) nicht expliziert werden (können!), verbleibt gerade bei der Codierung von Bewertungen ein inkommensurables Moment der Ambivalenz. Damit stellt sich im Prinzip das Problem der Situationsdefinition und -reformulierung im Symbolischen Interaktionismus (vgl. WOOD 1982, 37 ff.). Zum Problem des Codierens aus ethnomethodologischer Perspektive vgl. KATZ/SHARROCK (1976, 244 ff.).

Hier ist vornehmlich auf die Erzeugung affektiver Tönungen, ausländerfeindlicher Wertungen hinzuweisen, die in bezug auf kognitive Inhalte besonders eindeutig kommentierend wirken. Durch die Angabe von Bewertungen, Handlungsanweisungen und Prognosen an/über Ausländer ist eine spezifische Beschreibung von Inhalten möglich. Da Bewertungen Kommunikationsakte sind, ist es möglich, nicht nur pauschal Bewertungen zu messen, sondern die Bewertung (Handlungsanweisung, Prognose) in bezug auf ihre jeweiligen Autoren und Rezipienten zu setzen. So erhält man eine zweidimensionale Matrix, die in der Zeile die 'Bewerter' bzw. die Subjekte, in der Spalte die bewerteten Objekte bzw. Objekte von Handlungsanweisungen und Prognosen aufführt.

6.2 HANDLUNGSTRÄGER ALS SYMBOL

Unter Handlungsträgern werden hier Akteure im System ausländerpolitischer Handlungen begriffen. Ausländerpolitisches Handeln ist nicht nur auf die Situation der Ausländer in der Bundesrepublik Deutschland bzw. auf politische Zwecke bezogen, sondern zugleich auch Selbstdarstellung der Akteure unter Gesichtspunkten ihrer Glaubwürdigkeit (Parteien), ihrer Funktionstüchtigkeit (staatliche Organe), ihrer Interessenvertretung (Verbände) oder Vertrauenswürdigkeit (Zeitung selbst).

Vom Leser werden politische Handlungsträger nicht nur als 'Verwandler von Ursachen in Wirkungen' (i.S. eines kausalen Prozesses) gesehen, sondern durch das medial vermittelte Interesse der Kontrolle dieses Prozesses zugleich als Symbolkomplex erlebt (vgl. WOOD 1982, 62-92)[1]. Hand-

---

1) Vgl. zum Verhältnis von Erleben und Handeln in symbolischen Umwelten LUHMANN (1981, 68 ff.); SCHÜTZ/LUCKMANN (1984, 195 ff.). Zur Pragmatik vgl. VAN DIJK/KINTSCH (1983, 76 ff.). Zu Handlungsträgern in Nachrichten vgl. BENNETT (1983, 20 ff.); zu Handlungsträgern in der Ausländerberichterstattung vgl. VAN DIJK (1983, 96 ff.); VAN DIJK (1986(b), 93 ff.).

lungsträger in der Presse sind als Symbole Bezugspunkte
von sich herauskristallisierenden Einstellungen, Gefühlen
und Bewertungen, die Legislative und Exekutive, Rechte
und Linke, Arbeitgeber und Arbeitnehmer vereint (vgl.
LASWELL 1952). Diese symbolischen Bezugspunkte identifi-
zieren Prominente und 'einfache' deutsche Bürger oder be-
kannte und unbekannte Ausländer (vgl. GANS 1980, 8,13,22;
THRÄNDHARDT 1986, 130 ff.).

Ziel der nachfolgenden Analyse ausländerbezogener Pres-
seartikel ist es, bei jeder Nennung eines Symbols (Handlungsträger) festzustellen, ob es positiv (+) oder negativ (-) bewertet wird und in welchem Kontext es benutzt
wird. Eine solche Symbolanalyse erhebt die soziale Wirklichkeit angemessener als eine reine Themenanalyse (vgl.
MERTEN/RUHRMANN 1982, 701).

Bewertungen, Handlungsanweisungen und Prognosen erzeugen Perspektiven zu ausländerpolitischen Ereignissen und
den damit assoziierten Handlungsträgern. Ausländerpolitische Ereignisse weisen im Vergleich zu anderen politischen
Ereignissen bevorzugt Wertungen in Form von Handlungsanweisungen und Bewertungen auf. Für die NEUE WESTFÄLISCHE
ergeben sich folgende Unterschiede (vgl. Abb. 6.1):

Abb. 6.1: Zum Anteil verschiedener Wertungsformen im
ausländerpolitischen Kontext und im allge-
mein-politischen Kontext in der NEUEN WEST-
FÄLISCHEN (in Prozent aller Artikel)

Wertungsform	Kontext	
	alle Ausländer- artikel	alle politischen[+)] Artikel (Seite 1-3)
Bewertungen (VAR 38, VAR 39)	40,7	26,3
Handlungsanweisung (VAR 40, VAR 42)	23,8	10,2
Prognosen (VAR 43)	13,9	16,9
	n = 273	n = 1927

+) Vgl. dazu: MERTEN/RUHRMANN/SCHRÖDER/STORLL u.a.
(1979, 169 ff., 200 ff., 215 ff.).

Die Wahrnehmung von Ausländern, ihren Problemen, ausländerpolitischen Ereignissen und Entwicklungen ist ohne Bewertungen undenkbar[1].

6.2.1 AUSWAHL RELEVANTER HANDLUNGSTRÄGER

Bei der Analyse von Bewertungen, Handlungsanweisungen und
Prognosen wurden jeweils sechs relevante Handlungsträger-
gruppen[2] (vgl. Anhang VAR 35, VAR 36) als Autoren und
Adressaten berücksichtigt. Das methodische Ziel ist eine
aussagefähige, vergleichende Analyse zweier Zeitungen.
Das inhaltliche Ziel besteht in der Aufklärung ausländisch-
politischer Präferenzen oder ausländerfeindlicher Äußerungen der wichtigsten Typen von Handlungsträgern im politischen System der Bundesrepublik. Angesichts dieser beiden
Ziele wurden die Handlungsträger-Variablen (VAR 35, VAR 36)
folgendermaßen recodiert:

1.) Staatliche Organe: Legislative, Exekutive und Judikative
2.) Politische Parteien: SPD, CDU, CSU, Grüne, FDP und
   die jeweiligen Spitzenpolitiker
3.) Verbände: Kirchen, Gewerkschaften, Wohlfahrtsverbände,
   Arbeitgeberverbände
4.) Öffentlichkeit: "Unsere" Politiker, die Deutschen,
   kleiner Mann, Prominenz, Experten, Idole und Stars,
   Neonazis, andere Zeitungen, anderer Kommunikator,
   internationale Organisationen
5.) Zeitung selbst

---

1) In einer Studie wird von "Ausländermythen im Diskurs
   der Massenmedien" (LINK 1983, 44) gesprochen, die Journalisten schon deshalb produzierten, da sie über die
   Wirkung ihrer "schweren diskursiven Waffen" häufig nichts
   wüßten (LINK 1983). Zum medialen Diskurs über Ausländer
   vgl. umfassender und systematischer: VAN DIJK (1986(b)).

2) Vgl. zum Begriff der Gruppe im Kontext öffentlicher
   Meinungsbildung VOLMERT (1979, 31 ff.).

6.) <u>Ausländer:</u> Bestimmte Ausländer, <u>die</u> Ausländer/
Asylanten, ausländerunterstützende Initiativen.

6.2.2 SOZIOMATRIX POSITIVER UND NEGATIVER AUSLÄNDER-
BEZOGENER BEWERTUNGEN IN DER BIELEFELDER PRESSE

Die unterschiedliche Bewertung von Handlungsträgern eröff-
net den Presseorganen die Möglichkeit, das Publikum für
bestimmte Akteure im ausländerpolitischen Kontext zu sen-
sibilisieren: Werden beispielsweise die Ausländer im Vergleich zu anderen Akteuren häufiger bewertet, so kann man
annehmen, daß die Leser die Ausländer nicht nur intensiver
wahrnehmen, sondern auch häufiger zum Objekt ihrer Meinungsbildung machen. Nicht die Deutschen, sondern die Ausländer
selbst werden für die Ausländerproblematik verantwortlich
gemacht. Bewertungen können die wechselseitigen Unterstellungen der jeweiligen ausländerpolitischen Geltungen thematisieren und eignen sich zur Herausforderung von "ausländerfeindlichen Elementen des Gesellschaftsbildes" (HOFFMANN/
EVEN 1984, 38).

- NEGATIVE BEWERTUNGEN -

Je nach Formulierung können insbesondere stark negative
Bewertungen eine Destabilisierung des "Gesellschaftsbildes" (vgl. HOFFMANN/EVEN 1984, 38 f.) andeuten. Relevante
Aspekte des Alltagswissens werden über negative Bewertungen zur Sprache gebracht. Negative Bewertungen könnten somit vorläufig als 'Katalysatoren' von ausländerfeindlichen
Alltagstheorien bezeichnet werden. Es zeigt sich bei beiden Zeitungen, daß ausländerbezogene Ereignisse eindeutig
negativ bewertet werden (vgl. Abb. 6.2). Die Zahl negativer Bewertungen übersteigt die Zahl positiver Bewertungen
(vgl. Abb. 6.3) (129(-) : 77(+)). Die vermutete Rolle der
Ausländer als Bewertungsobjekt wird bestätigt: zu den am

Abb. 6.2: Soziomatrix (VAR 35, VAR 37) negativer Bewertungsformulierungen (VAR 39) in der NEUEN WESTFÄLISCHEN und im WESTFALEN-BLATT

OBJEKT der negativen Bewertung

SUBJEKT der negativen Bewertung	Staatliche Organe	Politische Parteien	Interessen-verbände	Öffentlich-keit	Zeitung selbst	Ausländer	Zeilensumme Bewerter
Staatliche Organe	2	1		4	1	13	22 / 17,1%
Politische Parteien	1	1		7		4	13 / 10,1%
Interessen-Verbände	2			2			4 / 3,1%
Öffentlichkeit	8	1	2	9	1	18	39 / 30,2%
Zeitung selbst	1	3	2	9		27	42 / 32,6%
Ausländer	1		1	7		1	11 / 8,5%
Spaltensumme	15	6	5	38	2	63	129
Bewerteter	11,6%	4,7%	3,9%	29,5%	1,6%	48,8%	100,0%

häufigsten negativ bewerteten Handlungsträgern gehören
die Ausländer (vgl. Abb. 6.2, Spalte 6). Die Ergebnisse
zeigen auch, daß die Ausländer gar nicht den Versuch machen bzw. machen können, sich - z.B. durch Gegenbewertungen - zu wehren. In der NEUEN WESTFÄLISCHEN und im
WESTFALEN-BLATT ergibt die Soziomatrix negativer Bewertungen, daß die meisten Bewertungen von den Zeitungen
selbst (32,6 %) und der (nicht institutionalisierten)
Öffentlichkeit (30,2 %) ausgesprochen werden und an die
Ausländer (48,8 %) sowie ebenfalls die Öffentlichkeit (29,5%)
gerichtet werden. In der Bielefelder Tagespresse sind die
Ausländer in 48,8 % aller negativen Bewertungen Objekt,
aber nur in 8,5 % aller negativen Bewertungen Subjekt negativer Bewertungen.

   An dieser Stelle ist - allerdings nur kurz - auf einen
Problemkomplex aufmerksam zu machen: (negative) Bewertungen können mehr oder weniger stark ausfallen, so daß sich
das Problem der Verrechnung stellt: Manche Bewertungen lassen sich nicht offen, sondern nur indirekt erschließen (z.B.
die Formulierung: "..., um der Ausländerinitiative aus ihrer
politischen Erfolgslosigkeit zu helfen") und werden durch
VAR 39 ("Formulierung der Bewertung") berücksichtigt (vgl.
Abb. 6.2). Besonders häufig sind die Formulierungen der
Kritik (26,9 %), Anderes (26,2 %), der Hinweis auf nicht
normgerechtes Verhalten (10,8 %) und negative Stereotypen
(10,0 %).

Abb. 6.3: Formulierung der negativen Bewertung

Formulierung der negativen Bewertung (VAR 39)	NEUE WESTFÄLISCHE		WESTFALEN-BLATT		zusammen	
	Anzahl d. Artikel	Anteil in v.H.	Anzahl d. Artikel	Anteil in v.H.	Anzahl d. Artikel	Anteil in v.H.
Kritik	19	26,8	16	27,1	35	26,9
nicht normgerecht	8	11,3	6	10,2	14	10,8
Werte-Verletzung	6	8,5	3	5,1	9	6,9
negative Stereo-typen	3	4,2	10	16,9	13	10,0
Generalisierung	7	9,9	2	3,4	9	6,9
Vergleich	3	4,2	3	5,1	6	4,6
Beschimpfung	5	7,0	5	8,5	10	7,7
Anderes	20	28,2	14	23,7	34	26,2
zusammen:	71	54,6	59	45,4	130	100,0

- POSITIVE BEWERTUNGEN -

Die Aussprache und Adressierung positiver Bewertungen in
Ausländerartikeln zeigt die folgende Abbildung (Abb.6.4,S.133).
Hier treten politische Parteien und vor allem Ausländer
häufiger als Bewertete auf. Als Bewerter kommen politische
Parteien seltener, Ausländer sogar überhaupt nicht vor.
Bei den positiven Bewertungen zeigt sich noch stärker als
bei den negativen Bewertungen, daß die Ausländer immer
nur als Objekt, nicht aber als Subjekt, das heißt als Autor
von Bewertungen dargestellt werden. Das Verhältnis von bewerteten Ausländern zu bewertenden Ausländern beträgt
50 : 0. Auch bei den positiven Bewertungen ist es die Zeitung selbst in 71,4 % aller positiven Bewertungen, die solche Metaaussagen an die Ausländer adressiert. Das Organ
selbst hat im positiven Bewertungskontext offensichtlich
fast ein Monopol bei der Vermittlung positiver Einstellungen oder positiver Werthaltungen gegenüber Ausländern.

Abb. 6.4: Soziomatrix (VAR 35, VAR 37) positiver Bewertungsformulierungen in beiden Bielefelder Tageszeitungen (NW + WB)

OBJEKT der positiven Bewertung

SUBJEKT der positiven Bewertung	Staatliche Organe	Politische Parteien	Interessen-verbände	Öffentlich-keit	Zeitung selbst	Ausländer	Zeilensumme Bewerter	
Staatliche Organe	1		1	3		2	7	9,1 %
Politische Parteien	1						1	1,3 %
Interessen-Verbände				1		3	4	5,2 %
Öffentlichkeit		1	2	2	1	4	10	13,0 %
Zeitung selbst	5	4	2	2	1	41	55	71,4 %
Ausländer							–	
Spaltensumme	7	5	5	8	2	50	77	
(Bewerteter)	9,1 %	6,5 %	6,5 %	10,3 %	2,6 %	65,0 %	100,0 %	

Als induktive Hypothese kann man formulieren:

h_{11}: In der Ausländerberichterstattung der Bielefelder
Tagespresse werden die Ausländer nicht als
Subjekt (Autor), sondern nur als Objekt (Adressat)
negativer und positiver Bewertungen erwähnt.

Es kann vermutet werden, daß die Presse selbst durch
relativ starke positive Bewertungen der Ausländer eine
gewisse Kompensationsfunktion (i.S. des Instrumentalmo-
dells) ausübt. Sie gleicht möglicherweise die negativen
Bewertungen aus, die häufig durch die Öffentlichkeit, die
staatlichen Organe, die politischen Parteien, aber auch
durch die Zeitung selbst ausgesprochen werden.

Die im Bereich des Journalismus normativ zu erwarten-
den Differenzierung von Nachricht und Meinung zeigt spe-
ziell bei der Ausländerthematik eine auffällige Soziome-
trie negativer und positiver Bewertungen: Ausländer sind
fast ausschließlich Objekt der Bewertung, nicht aber selbst
Kommunikatoren, die die öffentliche Meinung über sich
selbst beeinflussen könnten. Medial kommunizierte Bewertungen an/über Ausländer haben eine gesellschaftlich und
politisch bedeutende - aber sozialwissenschaftlich noch
kaum erforschte - selektive Funktion: Sie potenzieren als
Meta-Aussagen zu einer Aussage die Akzeptanz dieser Aussage. Obwohl Ausländer angesichts der Gesamtmenge aller
redaktionellen Beiträge nur selten bewertungsrelevante
Akteure sind, so demonstriert doch ihr passiver Bewertungs-
saldo, daß sie kein politisches Durchsetzungs- oder Wert-
setzungsvermögen symbolisieren. Leser perzipieren die einzelne berichtete Akte der Ausländer redundant - als Beweis
dieses Unvermögens und übersehen möglicherweise sowohl Informationen, die diese Bedeutung in Frage stellen wie auch
den Umstand, daß es möglich ist, über die kommunikative Kompetenz oder Inkompetenz der Ausländer selbst zu befinden[1].
Bewertungen an/über Ausländer, nicht aber durch Ausländer

---

1) Vgl. zu diesem Gedankengang die Ausführungen von
   EDELMAN (1976, 92 ff.); VAN DIJK (1986(b)).

machen die ausländerbezogenen Nachrichten assimilierbar.
Solange die Presse nicht davon berichtet, wie sich die
Ausländer durch Gegenbewertungen 'wehren', wirkt sie kaum
der negativen Einstellung der Bevölkerung gegen die Ausländer entgegen.

6.2.3 HANDLUNGSANWEISUNGEN IM KONTEXT DER AUSLÄNDERTHEMATIK

Berichtete Handlungsanweisungen lassen sich als besonders
wirksamer Typ von bewerteten Aussagen kennzeichnen. Denn
ihr Autor äußert sich hier explizit normativ. Normativität
setzt voraus, daß der Anweisende seine Auffassung von aus-
länderthematischen Sachverhalten und ihren Folgen für den
Adressaten der Handlungsanweisung verbindlich machen will.
Wenn ausländerpolitische Themen als Ratschläge, Empfehlungen oder Forderungen in der Presse formuliert werden,
kann ein bestimmter Grad des Konsenses über die Art und
Weise der Themenbehandlung vorausgesetzt werden: Die Öffentlichkeit selbst kann sich selbst zu 'vernünftigem' Umgang mit den Ausländern auffordern. Sie unterstellt damit
ohne direkte Thematisierung einzelner handlungsrelevanter
Maßnahmen die Folgen der Unterlassung erforderlichen Handelns, indem kein politisch relevanter Akteur öffentlich
ernst genommen werden kann, der sich in der derzeitigen
ausländerpolitischen Situation nicht von Zeit zu Zeit mit
einschlägigen Forderungen in die Diskussion einschaltet.
Gerade die Öffentlichkeit erreicht in der Ausländerdiskussion durch Handlungsanweisungen im politischen System eine
Ebene der Kommunikation, auf der Negationen kaum verfüg-
bar sind.

Der Adressat der Handlungsanweisung, derjenige, der
zum Handeln aufgefordert wird, kann häufiger zum Gegenstand der öffentlichen Kritik am Verhalten (Ausländer)
oder Unterlassen rechtzeitiger und zuverlässiger Entscheidungen (Institutionen) werden. Das Handlungspoten-

tial der Aufgeforderten wird somit eingeschränkt: Der
Legitimierbarkeit der Wahl künftiger Handlungen sind
Grenzen gesetzt durch Handlungsanweisungen und die mit
ihnen thematisierten Erwartungen.

Die Analyse der Forderungen, Empfehlungen und Ratschläge in den ausländerbezogenen Artikeln der Bielefelder Presse zeigt die nachfolgende Abbildung, die wiederum als Soziomatrix von Subjekten und Objekten der Handlungsanweisungen aufgebaut wird (vgl. Abb. 6.5, S. 137).

In den Bielefelder Tageszeitungen sind Öffentlichkeit
(30,0 %) und politische Parteien (27,0 %) die häufigsten
Autoren von Handlungsanweisungen. Diese werden in 38,3 %
aller Fälle an die Staatsorgane und in 40,0 % aller Fälle
an die Öffentlichkeit gestellt. Die Zeitung selbst spielt
bei Handlungsanweisungen auf keiner Seite der Soziomatrix
eine Rolle.

Als induktive Hypothese kann formuliert werden:

h_{12}: Die Öffentlichkeit (Politiker, die Deutschen usw.)
selbst ist es, die (sich) in der Berichterstattung
der Bielefelder Tageszeitungen am häufigsten (selbst)
zum Gegenstand von Handlungsanweisungen bzw. öffentlicher Kritik macht.

6.2.4 PROGNOSEN UND PROGNOSETHEMEN

Prognosen sind auf die Zukunft gerichtete Behauptungen über
wirkliche Folgen ausländerpolitischer Handlungen oder einzelner Ausprägungen einer bestimmten Situation. Wer in der
jetzigen ausländerbezogenen Diskussion Prognosen über einen politischen Handlungsträger anstellt, kann davon ausgehen, daß seine publizierten Mutmaßungen über noch nicht
stattgefundene Ereignisse und Themen besondere 'sachliche'
Kompetenz symbolisieren. In einigen Leserbriefen sind Prognosen neben vielfältigen Bewertungen Appelle an den Common-
sense und Forderungen besondere Formen der Erzeugung wir-
kungsvollerer Aussagen. Wer Prognosen ausspricht, weiß oder

Abb. 6.5: Soziomatrix (VAR 40, VAR 42) von Handlungsanweisungen (VAR 41) in beiden Bielefelder Tageszeitungen (VAR 06)

OBJEKT der Handlungsanweisung

SUBJEKT der Handlungs- anweisung	Staatliche Organe	Politische Parteien	Interessen- Verbände	Öffentlich- keit	Zeitung selbst	Ausländer	zeilen- summe (Subjekt)
Staatliche Organe	8		2	11		5	26 22,6 %
Politische Parteien	13		4	11		3	31 27,0%
Interessen- verbände	2	1		5		1	9 7,8 %
Öffentlichkeit	15			11		8	34 30,0%
Zeitung selbst	1			5		1	7 6,1%
Ausländer	5			3			8 7,0%
Spaltensumme	44	1	6	46	-	18	115
(Objekt)	38,3 %	0,9%	5,2%	40,0 %		15,7%	100,0%

138

behauptet zu wissen, wie die Zukunft der Ausländer aus-
sieht oder 'sieht voraus', was geschehen muß, damit sie
anders wird. Derjenige, der Objekt von Prognosen wird,
steht in einem weiteren, unbestimmbareren Zeithorizont
als der Empfänger von Handlungsanweisungen. Der Adressat
von Prognosen wird für Schein- bzw. unsichere Erwartungen beansprucht. Er wird somit verstärkt zum Gegenstand
der öffentlichen Aufmerksamkeit und Spekulationen. Sie
lassen sich thematisch nicht einschlägigen Kategorien zu-
ordnen, sondern bleiben eher diffus. Deutlich wird dies
bei der Erhebung von Prognosethemen (vgl. Abb. 6.6):

Abb. 6.6: Prognosethemen in beiden Bielefelder
          Tageszeitungen

Prognosethema (VAR 43)	Anzahl	Anteil in v.H.
Bevölkerungsentwicklung	10	15,2
Wirtschaftsentwicklung	10	15,2
Politische Entwicklung	14	21,2
Verhalten d.Bevölkerung	6	9,1
Abnahme der Ausländer-feindlichkeit	1	1,5
Zunahme der Ausländer-feindlichkeit	3	4,5
Ende Deutschlands	3	4,5
Anderes	19	28,8
zusammen:	66	100,0

Die Soziomatrix von Prognoseautoren und Adressaten in
beiden Tageszeitungen zeigt die folgende Abbildung
(Abb. 6.7, S. 139).

Abb. 6.7: Soziomatrix (VAR 44, VAR 45) von Prognosen (VAR 43) in Artikeln mit ausländer/asylanten-politischem Kontext (VAR 21, VAR 20) in der NEUEN WESTFÄLISCHEN (NW) und im WESTFALEN-BLATT (WB)

SUBJEKT der Prognose	OBJEKT der Prognose						Zeilensumme (Subjekt)
	Staatliche Organe	Politische Parteien	Interessen-verbände	Öffentlich-keit	Zeitung selbst	Ausländer	
Staatliche Organe				3		6	9 / 19,8 %
Politische Parteien	2	1	1	2		4	10 / 15,4%
Interessen-Verbände			4			1	5 / 7,7%
Öffentlichkeit	1		2	6		9	18 / 27,7%
Zeitung selbst	1		1	5		9	20 / 30,8%
Ausländer				2		1	3 / 4,6%
Spaltensumme	4	1	8	18	-	30	61+ / 65
(Objekt)	6,6%	1,6%	13,1%	29,5%		49,2%	100,0 100,0 %

+) 4 mal kein Objekt codiert

Bei knapp einem Drittel aller Fälle präsentiert die
Zeitung sich selbst (30,8 %) als Prognoseautor und sym-
bolisiert damit besondere 'sachliche' Kompetenz in bezug
auf die Zukunft der Ausländer. Auch die Handlungsträger-
gruppe der Öffentlichkeit spricht häufig Prognosen aus
(27,7 %). Bevorzugte Adressaten von Prognosen sind die
Ausländer (49,2 %), die vornehmlich von der Zeitung selbst,
der Öffentlichkeit und den staatlichen Organen zum Objekt
ihrer Spekulationen gemacht werden. Da die Handlungsträger
der Öffentlichkeit häufig Subjekt (27,7 %) und Objekt (29,5%)
von Prognosen ist, kann man vermuten, daß unter diesen
Akteuren - wie auch bei negativen Bewertungen und Handlungsanweisungen - Stellvertreterdiskussionen über Ausländer geführt werden. Zumeist wird das Nichthandeln und Nichtent-
scheiden einzelner Handlungsträger zum Thema von Streit,
Forderungen und Vermutungen gemacht.

Als induktive Hypothese bleibt festzuhalten:

h_{13}: Ausländer sind bevorzugt Objekt der von den Bielefelder Zeitungen selbst formulierten Prognosen, nicht
jedoch Subjekt (Autoren) von Prognosen.

7. RESUMEE

Die Tagespresse rekonstruiert das durch Gleichgültigkeit,
aber auch durch Vorurteile, ausländerfeindliche Alltagstheorien und/oder durch Diskriminierung geprägte Verhältnis der Inländer zu den Ausländern nach bestimmten an Aktualität orientierten Kriterien und Regeln.

Die Ausländerberichterstattung in Bielefeld vermittelt
ein Bild von Ausländern, das u.a. geprägt ist durch
- die Hervorhebung von Kriminalität der Ausländer
- die Betonung einer Bedrohung deutscher Ressourcen
  durch die (Anwesenheit der) Ausländer
- eine Umdefinition des Ausländer- in ein Türkenproblem
- potentielle Entscheidungs- und Handlungsunfähigkeit
  oder Passivität der Ausländer selbst im ausländerpolitischen Diskurs.
Wenn sich herausstellt, daß sich Themen der Ausländeriden-
tität, der Ressourcen, der Nationalität oder der Integration in der Presse zu Argumentationen bzw. Alltagstheorien verdichten, werden Elemente der Ausländerfeindlichkeit sichtbar: Vielfältige Formen der Abwehrreaktionen
der Inländer gegenüber einem sich abzeichnendem Wandel
ihrer Gesellschaft, der bereits schon durch die Anwesenheit, erst recht durch das Handeln der Ausländer hervor-
gerufen wird.

Aktualisiert werden Weigerungen, dem Ausländer dieselben Rechte, denselben Status einzuräumen, die die Inländer
innehaben, solange die Ausländer nicht auch die bisher gel-
tende Inländeridentität (die deutsche Kultur, Sprache, Mo-
ral usw.) angenommen haben.

Zu diskutieren wären auf Grund der Ergebnisse dieser
Studie u.a.
- der Aktualitätsbegriff für Ausländerberichterstattung,
  insbesondere die Frage der Relevanz bestimmter Ereignisse für den Durchschnittsleser

- die Position der Zeitungen gegenüber den Ausländern
  selbst im ausländerpolitischen Diskurs, aber auch bestimmte bisher unreflektierte Sprachregelungen (z.B.
  Asylant, Nennung von Nationalitäten) der Journalisten.
Empirische Sozialforschung kann nur Hilfsmittel für pro-
blemlösendes Handeln und Kommunikation sein. Bedingungen
der Möglichkeit einer besseren, für die legitimen Belan-
ge der Ausländer sensibleren Berichterstattung entstehen
aber erst bei Reflexion, Durchsetzung und Verantwortung
einer anderen Ausländerpolitik in der Bundesrepublik
Deutschland.

7.1 ZUSAMMENSTELLUNG DER INDUKTIVEN HYPOTHESEN

h_1 Die Darstellung der allgemeinen ausländerpolitischen
Thematik in der Bielefelder Tagespresse ist (für den
Durchschnittsleser) eher negativ relevant (S. 106).

h_2 Die Darstellung der allgemeinen ausländerpolitischen
Thematik in der Bielefelder Tagespresse löst ver-
gleichsweise wenig menschliches Mitgefühl (bei den
Zeitungslesern) aus (S. 106).

h_3 Statusthemen erzeugen im Vergleich zu anderen Ausländerthemen weniger menschliches Mitgefühl (beim
Bielefelder Zeitungsleser) (S. 107).

h_4 Die Identitätsthematik der Ausländerberichterstattung
der Bielefelder Tagespresse ist eher von positiver Relevanz (für den Durchschnittsleser) (S. 108).

h_5 Die Identitätsthematik der Ausländerberichterstattung
der Bielefelder Tagespresse hat im Vergleich zu anderen Themen weniger Existenzrelevanz (für den Durchschnittsleser (S. 110).

h_6 Berichterstattung über Kriminalität von Ausländern
löst (bei den Lesern der Bielefelder Zeitungen) viel
'human touch' aus (S. 113).

h_7 Wirtschaftliche Ressourcen werden in der ausländerbezogenen Bielefelder Presse mit wenig, "symbolische"
Ressourcen mit viel 'human touch' berichtet (S. 117).

h_8 Zeitungsartikel mit Nennung der türkischen Nationalität der Ausländer haben (für den Bielefelder Durchschnittsleser) mehr Existenzrelevanz (S. 120).

h_9 Die Bielefelder Tagespresse berichtet von tendenziell "ausländerfeindlichen" Gründen und Ursachen der Ausländerproblematik häufiger in Artikeln, die (für den Durchschnittsleser) von negativer Relevanz sind (S. 122).

h_{10} Tendenziell ausländerfeindliche Lösungen werden in den Bielefelder Tageszeitungen häufiger in Artikeln mit geringerer Existenzrelevanz (für den Durchschnittsleser) erwähnt (S. 124).

h_{11} In der Ausländerberichterstattung der Bielefelder Tagespresse werden die Ausländer nicht als Subjekt (Autor) sondern nur als Objekt (Adressat) negativer und positiver Bewertungen erwähnt (S. 134).

h_{12} Die Öffentlichkeit (Politiker, die Deutschen usw.) selbst ist es, die (sich) in der Berichterstattung der Bielefelder Tageszeitungen am häufigsten (selbst) zum Gegenstand von Handlungsanweisungen bzw. öffentlicher Kritik macht (S. 136).

h_{13} Ausländer sind bevorzugt Objekt der von den Bielefelder Zeitungen selbst formulierten Prognosen, nicht jedoch Subjekt (Autoren) von Prognosen (S. 140).

8. LITERATURVERZEICHNIS

ABELSON, R.P. et al., (1968) Cognitive Congruity Theories. Chicago.

ADONI, H./MANE, S. (1984) Media and the social construction of reality: toward an integration of theory and research. In: Communication Research 11, 323-340.

ADONI, H.,/COHEN, A.A./ MANE, S. (1984) Social Reality and Television News: Perceptual Dimensions of Social Conflicts in Selected Life Areas. In: Journal of Broadcasting 18, 33-49.

AG MEDIENANALYSE (1982) Media-Micro-Census. Frankfurt/Main.

ALBRECHT, P.A./PFEIFFER, C. (1979) Die Kriminalisierung junger Ausländer. Befunde und Reaktionen sozialer Kontrollinstanzen. München.

ALLEN, R.L./HATCHETT, S. (1986) The Media and Social Reality Effects. Self and System Orientation of Blacks. In: Communication Research 13, 97-123.

ALTHEIDE, D.L. (1976) Creating Reality. How TV News Distorts Events. Beverly Hills (Cal.)

ARBEITSGRUPPE BIELEFELDER SOZIOLOGEN (Hg.) (1973) Alltagswissen, Interaktion und gesellschaftliche Wirklichkeit, 2 Bde. Reinbek.

ATKAN, M. (1981) Gastarbeiter und Massenmedien - Ghettosituation im massenkommunikativen Bereich. In: Migration 1, 73-93.

BAMMEL, H./MEHRLÄNDER, U./ STRUCK, M. (1984) Argumente gegen Ausländerfeindlichkeit. Bonn.

BARTLETT, F.C. (1932) Remembering. A Study in Experimental and Social Psychology. Cambridge.

BECHTEL, M./MENTZEL-BUCHNER, B. (1983) Ausländer. Themen für Lokaljournalisten, Band 1. Bonn.

BENNETT, W.L. (1975) The Political Mind and the Political Environment. Lexington (Mass.).

BENNETT, W.L.   Perception and Cognition. An Information
(1981)   Processing Framework for Politics. In:
                                 LONG, S.L. (Ed.): The Handbook of
                                 Political Behavior Vol. 1.
                                 New York , 69-193.

BENNETT, W.L./EDELMAN, M.   Toward a New Political Narrative. In:
(1985)   Journal of Communication 35, 156-171.

BERELSON, B./SALTER, P.J.   Majority and Minority Fiction. An
(1946)   Analysis of Magazine Fiction. In:
                                 Public Opinion Quarterly 10, 169-190.

BERGER, P.L./LUCKMANN, T.   Die gesellschaftliche Konstruktion
(1970)   der Wirklichkeit. Eine Theorie der
                                 Wissenssoziologie. Frankfurt/M.

BLIESNER, T.   Erzählen unerwünscht. Erzählversuche
(1980)   von Patienten bei der Visite.
                                 In: EHLICH, K. (Hg.): Erzählen im
                                 Alltag. Frankfurt, 143-178.

BOCK, G.   The Appeal of Elder(ly) Statesmen:
(1984)   Preliminary Results on how Young
                                 Adults Perceive Heads of Government
                                 from Television News. Paper Presented
                                 at the 14th Conference of the Inter-
                                 national Association of Mass Communication
                                 Research. Prague, Czechoslovakia,
                                 27 the August to 1st September 1984,
                                 8 gez. Seiten.

BORMANN, E.G.   Symbolic Convergence Theory: A Commu-
(1985)   nication Formulation. In: Journal of
                                 Communication 35, 128-138.

BRANDER, S./KOMPA, A./   Denken und Problemlösen. Einführung
PELTZER, U.   in die kognitive Psychologie.
(1985)   Opladen.

BROWN, R./KULIK, J.   Flashbulb Memories. In: NEISSER, U.
(1982)   (Ed.): Memory Observed. Remembering in
                                 Natural Contexts. San Francisco, 23-40.

BUDE, H.   Der Sozialforscher als Narrationsanima-
(1985)   teur. Kritische Anmerkungen zu einer er-
                                 zähltheoretischen Fundierung der inter-
                                 pretativen Sozialforschung. In: Kölner
                                 Zeitschrift für Soziologie und Sozial-
                                 psychologie 37, 327-336.

BUELL, E.H. Jr.   Eccentrics or gladiators? People who
(1975)   write about politics in letters-to-the-
                                 editor. In: Social Science Quarterly
                                 56, 440-449.

CASSON, R.W.
(1983)

Schemata in Cognitive Anthropology.
In: Ann.Rev. Anthropol. 12, 429-462.

CHAFFEE, S.H./SCHLEUDER, J.
(1986)

Measurement and Effects of Attention
to Media News. In: Human Communication
Research 13, 76-107.

CHAUDARY, A.G.
(1979)

Press Portrayal of Black Officials.
In: Journalism Quarterly 57, 636-641.

CICOUREL, A.
(1974)

Methode und Messung in der Soziologie.
Frankfurt/M.

COHEN, A.A./WIGAND, R.T./
HARRISON, R.P.
(1977)

The Effect of Type of Event, Proximity
and Repetion on Children's Attention
to and Learning from Television News.
In: Communications 3, 30-46.

CRYNS, A.G.
(1975)

Public Letter Writing in response to
campus unrest and prison riots.
In: Journal of Personality and Social
Psychology 8, 377-383.

DAHEIM, H./HOFFMANN, L.
(1983)

Wissenschaftliche Unterstützung eines
Programms von ausländerbezogenen Maß-
nahmen der Stadtverwaltung Bielefeld.
Antrag auf eine Forschungsbeihilfe
des Ministers für Wissenschaft und
Forschung des Landes NRW. Bielefeld.

DARKOW, M./ECKHARDT, J./
MALETZKE, G.
(1985)

Massenmedien und Ausländer in der Bundesrepublik Deutschland. Frankfurt/M.
(=Schriftenreihe Media Perspektiven 5).

DAVIS, D.K./BARAN, S.
(1981)

Mass Communication and Everyday Life.
A Perspective on Theory and Effects.
Belmont (Cal.).

DAVIS, M.H./RARICK, G.
(1964)

Letters to the editor: hazy reflections
of public opinion. In: Journalism
Quarterly 41, 109.

DAVIS, F.J./TURNER, L.W.
(1951)

Sample Efficiency in Quantitative Newspaper Analysis. In: Public Opinion
Quarterly 15, 762-763.

DAVIS, H./WALTON, P.
(1983)

Death of a Premier: Consensus and Closure
in International News. In: DAVIS, H./
WALTON, P. (Ed.): Language, Image,
Media. Oxford, 8-49.

DELGADO, J.M.
(1972)

Die "Gastarbeiter" in der Presse. Eine
inhaltsanalytische Studie. Opladen.

DER BEAUFTRAGTE DER BUNDES-
REGIERUNG FÜR AUSLÄNDERFRAGEN
(Hg. (1984)

Bericht zur Ausländerpolitik.
Bonn.

DER BUNDESMINISTER DES INNERN
(Hg.) (1982)

Betrifft: Ausländerpolitik. Bonn.

DEUTSCHER BUNDESTAG
(1982)

Stenographischer Bericht, 83. Sitzung.
Bonn, 4. Februar.

DEUTSCHER STÄDTETAG (Hg.)
(1981)

Ausländerische Mitbürger in unseren
Städten. Fachkonferenz des Deutschen
Städtetages am 21. und 22. Oktober
1980 in Bochum.
Stuttgart, Berlin, Köln, Mainz.

van DIJK, T.A./KINTSCH, W.
(1983)

Strategies of Discourse Comprehension.
New York, London.

van DIJK, T.A.
(1983)

Minderheden in de Media. Een Analyse
van de Berichtgeving over ethnische
Minderheden in de Dagblad pepers.
Amsterdam.

van DIJK, T.A.
(1984)

Prejudice and Discourse. An Analysis
of Ethnic Prejudice in Cognition and
Conversation. Amsterdam, Philadelphia.

van DIJK, T.A.
(1985)

News Schemata. Amsterdam: University
of Amsterdam.

van DIJK, T.A.
(1986a)

Mediating recism. The role of the media
in the reproduction of racism. Amsterdam:
University of Amsterdam, Department of
General Literary Studies Section of
Discourse Studies. (=First version of
a chapter to be published in: WODAK, R.
(Ed.): Language, Power and Ideology.
Amsterdam 1987).

van DIJK, T.A.
(1986b)

News Analysis. Case studies of internatio-
nal and national news in the press:
Lebanon, Ethnic Minorities and Squatters.
University of Amsterdam, Department of
General Literary Studies (Hillsdale
(N.J.) 1987: Erlbaum (in print)).

van DIJK, T.A.
(1986c)

How 'They' Hit the Headlines. Ethnic Minorities in the Press. (Discussion Paper)
Amsterdam. University of Amsterdam,
Department of General Literary Studies,
34 pages.

van DIJK, T.A.
(1986d)

News as Discourse. Amsterdam.
(Hillsdale (N.J.) 1987: Erlbaum (in print).

DOBRICK, M.
(1985)

Gegenseitiges (Miß-)verstehen in der
dyadischen Kommunikation. Münster
(=Arbeiten zur sozialwissenschaft-
lichen Psychologie, Heft 14).

DORSCH, P.E.
(1978)

Lokalkommunikation, Ergebnisse und
Defizite der Forschung. In:
Publizistik 23, 3, 189-202.

DRÖGE, F.W.
(1967)

Publizistik und Vorurteil.
Münster.

EDELMAN, M.
(1976)

Politik als Ritual - Die symbolische
Funktion staatlicher Information und
politischen Handelns. Frankfurt,
New York.

ELDER, C.D./COBB, R.W.
(1983)

The political use of symbols.
New York, London.

ELSTER, J.
(1987)

Subversion der Rationalität. Mit einer
Einleitung von Helmut Wiesenthal.
Frankfurt, New York.

ELWERT, G.
(1982)

Probleme der Ausländerintegration. Gesellschaftliche Integration durch Binnen-
integration? In: Kölner Zeitschrift für
Soziologie und Sozialpsychologie 34,
717-731.

EPSTEIN, E.J.
(1975)

Between Fact and Fiction: The Problem
of Journalism. New York,

ERBRING, L./GOLDENBERG, E.N./
MILLER, A.H.
(1980)

Front-Page News and Real-World Cues: A
New Look at Agenda Setting by the Media.
In: America Journal of Political Science,
Vol 24, 16-49.

ESSER, H.
(1980)

Aspekte der Wanderungssoziologie. Assimilat
und Integration von Wanderern, ethnischen
Gruppen und Minderheiten. Eine handlungs-
theoretische Analyse. Darmstadt.

ESTEL, B.
(1983)

Soziale Vorurteile und soziale Urteile.
Kritik und wissenssoziologische Grund-
legung der Vorurteilsforschung. Opladen.

EULGEM, B./KACZMARZIK, R./
WEISSER, E.
(1980)

Meldungen und Filmberichte der "Berliner
Abendschau" über den türkischen Bevölke-
rungsanteil in Berlin (West). In: Dietrich
Klitzke (Hg.): Das Medienangebot für die
Bevölkerung aus der Türkei in Berlin (West).
Eine Dokumentation. TU Berlin: Media
Studies Reprint. Berlin. 107-136.

FESTINGER, L.
(1957)

A Theory of Cognitive Dissonance.
New York.

FILSINGER, D./HAMBURGER, F./
NEUBERT, D.
(1984)

Kommunale Ausländerarbeit. In:
AUERNHEIMER, G. (Hg.): Handwörterbuch Ausländerarbeit. Weinheim
und Basel, 218-221.

FISHER, W.R.
(1985)

The Narrative Paradigma: In the Begin-
ning. In: Journal of Communication 35,
74-89.

FISKE, S.T.:KINDER, D.R.
(1981)

Involvement, Expertise, and Schemata Use:
Evidence from Political Cognition. In:
CANTOR, N./KIHLSTROM, J.F. (Ed.):
Personality, Cognition and Social Inter-
action. Hillsdale (N.J., 171-190.

FORSYTHE, S.A.
(1985/)

An exploratory study of letters to the
editor and their contributors. In:
Public Opinion Quarterly 14, 143-144.

FOSTER, H.S./FRIEDRICHS, C.J.
(1937)

Letters to the editor as a means of
measuring the effectiveness of propa-
ganda. In: American Political Science
Review.

FRANZ, F.
(1984)

Asylrecht. In: AUERNHEIMER, G. (Hg.):
Handwörterbuch Ausländerarbeit.
Weinheim und Basel, 39-42.

FRITSCH, M.
(1983)

Informationsquellen im lokalen Bereich.
Probleme der Materialbeschaffung,
-bearbeitung und -verwendung in der
Außenredaktion einer nordrhein-westfälischen Regionalzeitung. Bochum.

FRÜH, W.
(1983)

Der aktive Rezipient - neu besehen.
Zur Konstruktion faktischer Information
bei der Zeitungslektüre. In: Publizistik 28, 327-342.

FUCHS, W./SCHENK, M.
(1984)

Der Rezipient im lokalen Kommunikations-
raum. In: Media Perspektiven 3, 211-218.

GALTUNG, J./RUHE, M.H.
(1965)

The Structure of Foreign News.
Journal of Peace Research 2, 64-91.

GANS, H.J.
(1980)

Deciding What's News. New York.

GARFINKEL, H.
(1967)

Studies in Ethnomethodology.
Englewood Cliffs (N.J.).

GARFINKEL, H.
(1973)

Das Alltagswissen über soziale und innerhalb sozialer Strukturen. In: Arbeitsgruppe Bielefelder Soziologen (Hg.): Alltagswissen, Interaktion und gesellschaftliche Wirklichkeit 1, Symbolischer Interaktionismus und Ethnomethodologie. Reinbek, 189-262.

GEHRING, A./BÖLTKEN, F.
(1985)

Einstellungen zu Gastarbeitern 1980 und 1984. Ein Vergleich. In: ZA-Information 17, 23-33.

GERHARDT, U.
(1985)

Erzähldaten und Hypothesenkonstruktion. Überlegungen zum Gültigkeitsproblem der Empirischen Sozialforschung. In: Kölner Zeitschrift für Soziologie und Sozialpsychologie 37, 230-256.

GILLIGAN, C.
(1982)

In a Different Voice. Cambridge (Mass.).

GLASER, B.G./STRAUSS, A.L.
(1971)

The Discovery of Grounded Theory. Strategies for Qualitative Research. Chikago, New York.

GLASER, R.
(1984)

Education and Thinking. The Role of Knoledge. In: American Psychology 39, 93-104.

GOFFMAN, E.
(1967)

Stigma. Über Techniken der Bewältigung beschädigter Identität. Frankfurt.

GOFFMAN, E.
(1973)

Interaktion: Spaß am Spiel. Rollen-distanz. München.

GOFFMAN, E.
(1977)

Rahmen-Analyse. Ein Versuch über die Organisation von Alltagserfahrungen. Frankfurt.

GÖKTÜRK, E.
(1981)

Der mögliche Beitrag der Massenmedien zur Integration der Migrantenfamilien. In: Migration 1, 65-71.

GRABER, D.A.
(1979)

Is Crime News Coverage Excessive? In: Journal of Communication 29, 81-92.

GRABER, D.A.
(1984)

Processing the news: How people tame the information tide. New York.

GREENBERG, B./MAZINGO, S.L.
(1976)

Racial issues in mass media institutions. In: KATZ, P.A. (Ed.): Toward the elimina-tion of racism. New York, 309-340.

151

GUSKI, R.
(1986)

Deutsche Briefe über Ausländer. Ein
sozialpsychologischer Beitrag zum Ver-
ständnis der Ablehnung bzw. Hilfe gegenüber Ausländern an Hand von Briefen deutscher Bürger. Bern, Stuttgart,
Toronto.

HABERMAS, J.
(1981)

Theorie des kommunikativen Handelns,
Band 2: Zur Kritik der funktionalisti-
schen Vernunft. Frankfurt/M.

HAHN, A.
(1987)

Identität und Selbstthematisierung. In:
HAHN, A./KAPP, V. (Hg.): Selbstzeugnis:
Bekenntnis und Geständnis.
Frankfurt, 9-24.

HAMBURGER, F./WOLTER, O.
(1984)

Kriminalität. In: AUERNHEIMER, G. (Hg.)
(1984): Handwörterbuch Ausländerarbeit.
Weinheim und Basel, 226-229.

HASTIE, R.
(1981)

Schematic Principles of Human Memory.
In: Higgins, E.T./HERMAN, C.P./ZANNA, M.P.
(Ed.): Social Cognition. The Ontario
Symposium. Hillsdale (N.J.).

HARZIG, C./HOERDER, D. (Ed.)
(1985)

The Press of Labor Migrants in Europe
and North America 1880's to 1930's.
Bremen (= Labor Migration Project,
Labor Newspaper Preservation Project,
Universität Bremen).

HEINE, E.
(1980)

Ausländer in der veröffentlichten Meinung –
Perspektiven einer Integration. In: Auto-
rengruppe Ausländerforschung an der FHSVR
Berlin: Untersuchungen von Straftaten,
Problemen des Strafvollzuges und der Re-
sozialisierung bei Ausländern in Berlin,
Teil 3: Reaktionen auf Straftaten in
Berlin. Berlin.

HEJL, P.M.
(1985)

Konstruktion der sozialen Konstruktion.
Grundlinien einer konstruktivistischen
Sozialtheorie. In: Einführung in den
Konstruktivismus. München (=Schrif-
ten der Carl Friedrich von Siemens-
Stiftung, Bd. 10), 85-116.

HENNE, H./REHBOCK, H.
(1982)

Einführung in die Gesprächsanalyse.
Berlin, New York.

HERBERT, U.
(1986)

Geschichte der Ausländerbeschäftigung
in Deutschland 1880-1890. Saisonarbei-
ter, Zwangsarbeiter, Gastarbeiter.
Berlin, Bonn.

HILL, D.H.
(1981)

Letter opinion on ERA: a test of the
newspaper bias Hypothesis. In:
Public Opinions Quarterly 45, 384-392.

HOERDER, R./HARZIG, C.
(1986)

"Why did you come?" The Proletarian
Mass Migration. Research Report 1980-
1985. Bremen (= Labor Migration Project,
Labor Newspaper Preventation Project,
Universität Bremen).

HOFFMANN, L.
(1981)

"Wir machen alles falsch." Wie türkische
Jugendliche sich in ihren Alltagstheorien
mit ihrer Lage in der Bundesrepublik
Deutschland auseinandersetzen. Ergeb-
nisse eines kooperativen Forschungs-
projektes des Sozialamtes der Stadt
Bielefeld und des Zentrums für Wissen-
schaft und berufliche Praxis. Mit einer
Einleitung von Hansjürgen Daheim.
Bielefeld, ZWubP-Materialien. Heft 12.

HOFFMANN, L.
(1982)

"Aber warum nix freundlich?" Der Kontakt
zwischen deutschen Behörden und ausländischer Klientel. Bielefeld: Zentrum
für Wissenschaft und berufliche Praxis,
Materialien. Heft 14.

HOFFMANN, L.
(1982)

Forschungsantrag für das MWF in NRW.
Inhaltsanalyse der ausländerbezogenen
Beiträge in der Presse in den Jahren
1981 und 1982 unter besonderer Berück-
sichtigung von "ausländerfeindlichen"
Alltagstheorien. Bielefeld, 9 gez. Seiten.

HOFFMANN, L.
(1983)

Die Ausländer: Eine Herausforderung für
das deutsche Gesellschaftsbild. Eine
Analyse ausländerfeindlicher Leserbriefe. Ms., Bielefeld, 16. gez. Seiten.

HOFFMANN, L./EVEN, H.
(1983)

"Die Belastungsgrenze ist überschritten."
Entwurf einer Theorie der Ausländerfeindlichkeit. Bielefeld: Zentrum für Wissenschaft und berufliche Praxis, Materialien.
Heft 15.

HOFFMANN, L./EVEN, H.
(1984)

Soziologie der Ausländerfeindlichkeit.
Zwischen nationaler Identität und multi-
kultureller Gesellschaft. Weinheim und
Basel.

HOFFMANN, L./EVEN, H.
(1985)

"Sie beschäftigen uns wie Sklaven". Erfahrungen von Türken an deutschen Arbeitsplätzen. Universität Bielefeld: Zentrum
für Wissenschaft und Praxis, Materialien.
Heft 18.

HOFFMANN, L.
(1986)

Beiträge - Wahlrecht Bürgerrecht. Zur politischen Partizipation der nichtdeutschen Einwohner in der Bundesrepublik Deutschland. Frankfurt/M.

HOFFMEYER-ZLOTNIK, J.H.P. (Hg.)
(1986)

Segregation und Integration. Die Situation von Arbeitsmigranten im Aufnahmeland. Mannheim: Forschung Raum und Gesellschaft e.V.

HOFFMEYER-ZLOTNIK, J.H.P. (Hg.)
(1987)

Qualitative Methoden der Datenerhebung in der Arbeitsmigrantenforschung. Mannheim: Forschung Raum und Gesellschaft e.V.

HOFSTETTER, R./LOVEMAN, B.
(1982)

Media Exposure and Attitude Consistency About Immigration. In: Journalism Quarterly, Vol. 59, 298-302.

HOSKIN, M.
(1984)

Integration or nonintegration of foreign worker: Four theories. In: Political Psychology 5(4), 661-685.

HUGHES, H.M.
(1940)

News and the Human Interest Story. Chicago.

HUJANEN, T. (Ed.)
(1986)

The Role of Information in the Realization of the Human Rights of Migrant Workers, Progress Report of the Joint Study, University of Tampere (Finnland).

HUSBAND, C./CHOUHAN, J.M.
(1985)

Local Radio in the Communication Environment of Ethnic Minorities in Britain. In: van DIJK, T.A. (Ed.): Discourse and Communication. New Approaches to the Analysis of Mass Media Discourse and Communication. Berlin, New York.

HVISDENDAHL, J.K.
(1979)

The Effect of Placement of Biasing Information. In: Journalism Quarterly 56, 863-868.

INSTITUT FÜR DEMOSKOPIE
ALLENSBACH
(1985)

Zwischen Toleranz und Besorgtheit, Einstellungen der deutschen Bevölkerung zu aktuellen Problemen der Ausländerpolitik. Allensbach am Bodensee.

ISFORT, A.
(1986)

Verbalisierung und komplexes visuelles Material. Münster.

JEFFERS, L.W./HUR, K.K.
(1979)

White Ethnics and Their Media Images. In: Journal of Communication 20, 116-123.

KALLMEYER, W./SCHÜTZE, F.
(1976)

Konversationsanalyse. In: Studium Linguistik 1, 1-28.

KATZ, B.A./SHARROCK, W.
(1976)

Eine Darstellung des Kodierens.
In: WEINGARTEN, E./SACK, F./
SCHENKEIN, J. (Hg.): Ethnomethodo-
logie. Beiträge zu einer Soziologie
des Alltagshandelns.
Frankfurt, 244-271.

KEGEL, G./ARNHOLD, T./
DAHLMEIER, K.
(1985)

Sprachwirkung. Psychophysische For-
schungsgrundlagen und ausgewählte
Experimente. Opladen.

KELLERMANN, K.
(1985)

Memory Processes in Media Effects.
In: Communication Research 12, 83-131.

KLAPP, O.E.
(1978)

Opening and closing. Strategies of
information adaption in society.
Cambridge.

KLEIN. W.
(1980)

Argumentation und Argument. In:
Zeitschrift für Literaturwissenschaft
und Linguistik 10, 38/39, 9-57.

KLÜTTERMANN, M.
(1983)

Ausländerfeindlichkeit in der Provinz.
Ergebnisse von Beobachtungen und Ge-
sprächen im Kreis Düren/NRW. In:
Migration 5, 52-66.

KNEEBONE, J.T.
(1985)

Southern liberal journalists and the
issue of race, 1920-1944.
Chapel Hill (N.C.).

KOPS, M.
(1980)

Auswahlverfahren in der Inhaltsanalyse:
Die bewußte Auswahl als mögliche Alter-
native zur Wahrscheinlichkeitsauswahl.
In: MOCHMANN, E. (Hg.): Computer-
strategien für die Kommunikations-
analyse. Frankfurt/M., New York, 47-67.

KOPS, M.
(1984)

Eine inhaltsanalytische Bestimmung von
Persönlichkeitsbildern in Heiratsanzei-
gen. In: KLINGEMANN, H.-D. (Hg.):
Computerunterstützte Inhaltsanalyse in
der empirischen Sozialforschung.
Frankfurt/M., New York, 54-97.

LAING, R.D./PHILLIPSON, H./
LEE, A.R.
(1971)

Interpersonelle Wahrnehmung.
Frankfurt/M.

LANDER, B.G.
(1972)

Functions of letters to the editor -
a re-examination. In: Journalism
Quarterly 49, 142-143.

LANDMAN, J./MANIS, M.
(1983)

Social Cognition: Some Historical and
Theoretical Perspectives. In:
BERKOWITZ, L. (Ed.): Advances in
Experimental Social Psychology, Vol.16.
New York, 49-123.

LARSEN, S.F.
(1982)

Knowledge Updating in Text Processing.
In: FLAMMER, A./KINTSCH, W. (Eds.):
Discourse Processing. Amsterdam, New
York, Oxford, 205-218.

LARSEN, S.F.
(1985)

Specific Background Knowledge and
Knowledge Updating. In: ALLWOOD, J./
HJELMQUIST, E. (Eds.): Foregrounding
Background. Stockholm, 25-36.

LARSON, M.A.
(1985)

How the New York Times covered discrimi-
nation cases. In: Journalism Quarterly
62(4), 894-896.

LASWELL, H.D./LERNER, D./
POOL, I.S.
(1952)

The Comparative Study of Symbols.
Stanford (Cal.).

LEMERT, J.B./LARKIN, J.P.
(1979)

Some Reasons, Why Mobilizing Information
Fails to be in Letters to the Editor.
In: Journalism Quarterly 56, 504-512.

LINK, J.
(1983)

Ausländermythen im Diskurs der Massenmedien. In: Dokumentation der Ruhruni-
versität Bochum/IG Metall: Die Deutschen
und ihre ausländischen Mitbürger. Aufsätze zur Bewältigung der Ausländer-
feindschaft. Pressestelle der RUB 1983,
44-58.

LODGE, M./WAHLKE, J.C.
(1982)

Politicos, Apoliticals, and the Processing
of Political Information. In: International Political Science Review 3, 131-150.

LUCAITES, J.L./CONDIT, C.M.
(1985)

Re-constructing Narrative Theory:
A Functional Perspective. In: Journal
of Communication 35, 90-108.

LUCKMANN, T.
(1986)

Grundformen der gesellschaftlichen Vermittlung des Wissens: Kommunikative Gat-
tungen. In: Kölner Zeitschrift für Soziologie und Sozialpsychologie. Sonderheft
27: Kultur und Gesellschaft, 191-211.

LUHMANN, N.
(1971)

Sinn als Grundbegriff der Soziologie.
In: HABERMAS, J./LUHMANN, N. (1971):
Theorie der Gesellschaft oder Sozial-
technologie. Frankfurt/M., 25-100.

LUHMANN, N.
(1974)

Wahrheit und Ideologie. Vorschläge zur
Wiederaufnahme der Diskussion. In:
LUHMANN, N.: Soziologische Auflägerung 1.
Opladen, 54-64.

LUHMANN, N.
(1981)

Soziologische Aufklärung 3. Opladen.

LUHMANN, N.
(1984)

Soziale Systeme. Grundriß einer allgemeinen Theorie. Frankfurt/M.

LUHMANN, N.
(1986)

Ökologische Kommunikation. Kann sich die moderne Gesellschaft auf ökologische Gefährdungen einstellen? Opladen.

LUHMANN, N.
(1987)

Die Autopoesis des Bewußtseins. In: HAHN, A./KAPP, V. (Hg.) (1987): Selbstthematisierung und Selbstzeugnis: Bekenntnis und Geständnis. Frankfurt/M., 25-94.

MacKAY, D.M.
(1969)

Information, Mechanism and Meaning. Cambridge (Mass.).

MANIS, J.G./MELTZER, B.N. (Hg.)
(1978)

Symbolic Interaction. A Reader in Social Psychology. Boston.

MARKOWITZ, J.
(1979)

Die soziale Situation. Entwurf eines Modells zur Analyse des Verhältnisses zwischen personalen Systemen und ihrer Umwelt. Frankfurt/M.

MARKOWITZ, J.
(1982)

Relevanz im Unterricht - eine Modellskizze. In: LUHMANN, N./SCHORR, K.E. (Hg.): Zwischen Technologie und Selbstreferenz. Fragen an die Pädagogik. Frankfurt/M., 87-115.

MARKOWITZ, J.
(1986)

Verhalten im Systemkontext. Zum Begriff des sozialen Epigramms. Diskutiert am Beispiel des Schulunterrichtes. Frankfurt/M.

MATURANA, H.R.
(1982)

Erkennen: Die Organisation und Verkörperung von Wirklichkeit, Ausgewählte Arbeiten zur biologischen Epistemologie. Braunschweig, Wiesbaden.

MATTHES, J./SCHÜTZE, F.
(1973)

Zur Einführung: Alltagswissen, Interaktion und gesellschaftliche Wirklichkeit. In: Arbeitsgruppe Bielefelder Soziologen (Hg.): Alltagswissen, Interaktion und gesellschaftliche Wirklichkeit 1. Symbolischer Interaktionismus und Ethnomethodologie. Reinbek, 11-53.

MATTHES, J.
(1985)

Zur transkulturellen Relativität erzählanalytischer Verfahren in der empirischen Sozialforschung. In: Kölner Zeitschrift für Soziologie und Sozialpsychologie 37, 310-326.

MARKUS, H.
(1977)

Self-schemata and processing information about the self. In: Journal of Personality and Social Psychology 35, 63-78.

McLEAN, M.S./PINNA, L.
(1958)

Distance and News Interest: Scaperia, Italy. In: Journalism Quarterly 35, 36-48.

McLEOD, J./CHAFFEE, S.H.
(1972)

The Construction of Social Reality. In: TEDESCHI, J.T. (Ed.): The Social Influence Processes. Chikago, New York, 50-99.

McQUAIL, D.
(1983)

Mass Communication Theory. An Introduction. Beverly Hills, London.

McRAE, V.
(1981)

Die Gastarbeiter. Daten, Fakten, Probleme. München.

MEDIA PERSPEKTIVEN
(1983)

Daten zur Mediensituation in der Bundesrepublik. Frankfurt/M.

MEHAN, H./WOOD, H.
(1975)

The Reality of Ethnomethodology. New York, London, Sydney.

MEHAN, H./WOOD, H.
(1976)

Fünf Merkmale der Realität. In: WEINGARTEN, E./SACK, F./SCHENKEIN, J. (Hg.): Ethnomethodologie, Beiträge zu einer Soziologie des Alltagshandelns. Frankfurt/M., 29-63.

MEIER-BRAUN, K.-H.
(1984)

Ausländerpolitik. In: AUERNHEIMER, G. (Hg.) (1984): Handwörterbuch Ausländerarbeit. Weinheim und Basel, 65-70.

MEINHARDT, R.
(1981)

Ausländerfeindlichkeit. Eine Dokumentation. Berlin.

MEINHARDT, R. (Hg.)
(1984)

Türken raus? oder Verteidigt den sozialen Frieden. Beiträge gegen die Ausländerfeindlichkeit. Reinbek bei Hamburg.

MERKENS, H.
(1986)

Vorwissen und Hypothesenbildung beim Prozeß des Beobachtens - Überlegungen zu den Grenzen der Beobachtung in der Arbeitsmigrantenforschung. In: HOFFMEYER-ZLOTNIK, J.H.P. (Hg.): Qualitative Methoden der Datenerhebung in der Arbeitsmigrantenforschung. Mannheim, 78-108.

MERTEN, K.
(1973)

Aktualität und Publizität. Zur Kritik der Publizistikwissenschaft. In: Publizistik 18, 216-235.

MERTEN, K.
(1977)

Kommunikation. Eine Begriffs- und
Prozeßanalyse. Opladen.

MERTEN, K.
(1978)

Kommunikationsmodell und Gesellschafts-
theorie. In: Kölner Zeitschrift für Soziologie und Sozialpsychologie 30,
572-595.

MERTEN, K./RUHRMANN, G./
SCHRÖDER, H.D./STORRL, D. u.a.
(1979)

Struktur der Berichterstattung der
deutschen Tagespresse. Eine repräsen-
tative Inhaltsanalyse der Tagespresse
der Bundesrepublik Deutschland, 2 Bände,
Fakultät für Soziologie. Bielefeld.

MERTEN, K./RUHRMANN, G.
(1982)

Die Entwicklung der inhaltsanalytischen
Methode. In: Kölner Zeitschrift für Soziologie und Sozialpsychologie 34,
696-716.

MERTEN, K.
(1983)

Inhaltsanalyse. Einführung in Theorie,
Methode und Praxis. Opladen.

MERTEN, K.
(1984)

Vom Nutzen des "Use and Gratification
Approach". In: Rundfunk und Fernsehen
32, 66-72.

MERTEN, K.
(1985)

Re-Rekonstruktion von Wirklichkeit durch
Zuschauer von Fernsehnachrichten. In:
Media Perspektiven 10/1985, 753-763.

MERTEN, K./RUHRMANN, G. u.a.
(1986)

Das Bild der Ausländer in der deutschen
Presse. Ergebnisse einer systematischen
Inhaltsanalyse. Frankfurt/M.

MERTEN, K.
(1986)

Hierarchische Medienwirkungen. In:
MAHLE, W.A. (Hg.): Langfristige Medienwirkungen (=AKM-Studien 27) Berlin,
111-117.

MINTZ, A.
(1943)

The Feasibility of the Use of Samples in
Content Analysis. In: LASWELL, H.D./
LEITES, N. et al. (1965): Language of
Politics. Studies in Quantitative Seman-
tics. Cambridge (Mass.), 127-145.

MOLOTCH, H./LESTER, M.
(1974)

News as Purposive Behavior: On the Stra-
tegic Use of Routine Events, Accidents,
and Scandals. In: American Sociological
Review 39, 101-112.

MURAY, N.
(1986)

Anti-racists and other demons: The Press
and Ideology in Thatcher's Britain. In:
Race and Class 27(3), 1-20.

MURCK, M.
(1983)

Macht und Medien in den Kommunen. In:
Rundfunk und Fernsehen 31, 3-4, 370-380.

NEUMANN, L./HEYNEN, A.
(1985)

Beziehungen zwischen ethnischen Gruppen:
Der Einfluß der Medien. In: Gruppendyna-
mik 16(1), 35-41.

NEUMANN, O.
(1985)

Die Hypothese begrenzter Kapazität und
die Funktionen der Aufmerksamkeit. In:
NEUMANN, O. (Hg.): Perspektiven der
Kognitionspsychologie. Berlin, Heidelberg,
New York, Tokyo, 185-230.

NORMAN, D.A.
(1976)

Memory and Attention. An Introduction to
Human Information Processing. New York.

OEPEN, M.
(1984)

National Report of the Federal Republic
of Germany. In: HUJANEN, T. (Ed.): The
Role of Information in the Realization
of the Human Rights of Migrant Workers,
Report of International Conference
Tampere 19 - 22 June 1983. Tampere (Finnland) 1984: University of Tampere,
125-153.

ORTONY, A.
(1978)

Remembering, Understanding and Representa-
tion. In: Cognitive Science 2, 53-69.

OSTROM, T.M./PRYOR, J.B./
SIMPSON, D.D.
(1981)

The Social Cognition: The Ontario
Symposion, Vol. 1, Hillsdale (N.J.,
3-38.

PANANI, B.
(1980)

Vorurteile, Rassismus, Antisemitismus,
Nationalismus... in der Bundesrepublik
heute. Eine empirische Untersuchung.
Frankfurt/M.

PAPCKE, S.
(1983)

Gibt es eine kulturelle Identität der
Deutschen? In: WEIDENFELD, W. (Hg.):
Die Identität der Deutschen. München,
248-273.

PETTY, R.E./CACIOPPO, J.T.
(1986)

Elaboration Likelihood Model Persuasion.
In: BERKOWITZ, L. (Ed.): Advances in
Experimental Social Psychology, Vol. 19,
New York, 124-205.

POLLNER, M.
(1976)

Mundanes Denken. In: WEINGARTEN, E./
SACK, F./SCHENKEIN, J. (Hg.): Ethnomethodologie. Beiträge zu einer Soziologie des Alltagshandelns. Frankfurt/M.,
295-326.

PRINZ, W.
(1983)

Wahrnehmung und Tätigkeitssteuerung.
Berlin, Heidelberg, New York.

PROTT, J.
(1983)

Hofberichterstattung ohne Ende? -
Themen lokaler Politik im Spiegel der
Regionalpresse. Eine inhaltsanalytische Studie der Berichterstattung der
Bielefelder Ausgaben des "Westfalen-
Blattes" und der "Neuen Westfälischen"
im Februar und März 1982. Ms. 30 Seiten
mit 19 Abb. ("Nicht zur Veröffentli-
chung freigegeben"). Hamburg.

REHBEIN, J.
(1980)

Sequentielles Erzählen-Erzählstrukturen
von Immigranten bei Sozialberatungen in
England. In: EHLICH, K. (Hg.): Erzählen
im Alltag. Frankfurt/M., 64-108.

REID, L./BERGH, B.G.W.
(1980)

Blacks in Introductory. In: Journalism
Quarterly 57, 485-489.

REIMANN, H.
(1976)

Ausländische Arbeitnehmer und Massenmedien. In: REIMANN, H./REIMANN, H. (Hg.)
(1976): Gastarbeiter. München, 111-129.

RENFRO, P.C.
(1979)

Bias in Selection of Letters to Editor.
In: Journalism Quarterly 56, 822-826.

ROBINSON, J.P./LEVY, M.R. (Ed.)
(1986)

The Main Source. Learning from Television
News. Beverly Hills, London, New Dehli.

ROSENGREN, K.E.
(1981)

Advances in Content Analysis.
Beverly Hills, London.

ROTHAMMER, P.
(1974)

Integration ausländischer Arbeitnehmer
und ihrer Familien im Städtevergleich.
Probleme, Maßnahmen, Steuerungsinstrumente. Berlin.

RUHRMANN, G.
(1986)

Rezipient und Nachricht. Struktur und
Prozeß der Nachrichtenrekonstruktion.
Dissertation, Fakultät für Soziologie,
Universität Bielefeld, 474 gez. Seiten.
Opladen 1987.

SANDE, O.
(1971)

The perception of foreign news. In:
Journal of Peace Research 8, 221-230.

SCHÄFER, B./SIX, B.
(1978)

Sozialpsychologie des Vorurteils.
Stuttgart.

SCHMIDT, D.F./SHERMAN, R.C.
(1984)

Memory for Persuasive Messages: A Test
of a Schema-Copy-Plus-Tag Model. In:
Journal of Personality and Social
Psychology 47, 17-25.

SCHMIDT, S.J.
(1985)

Vom Text zum Literatursystem. Skizze einer konstruktivistischen (empirischen) Literaturwissenschaft. In: Einführung in den Konstruktivismus. München 1985 (=Schriften der Carl Friedrich von Siemens Stiftung, Bd. 10), 117-134.

SCHMIDT, S.J.
(1987)

Der Radikale Konstruktivismus: Ein neues Paradigma im interdisziplinären Diskurs. In: Schmidt, S.J. (Hg.): Der Diskurs des Radikalen Konstruktivismus. Frankfurt/M., 11-88.

SCHÖNBACH, K.
(1977)

Trennung von Meinung und Nachricht. Empirische Untersuchung eines journalistischen Qualitätskriteriums. Mit einem Vorwort von E. NOELLE-NEUMANN. Freiburg, München.

SCHÜTZ, A.
(1964a)

The Stranger. An Essay in Social Psychology. In: SCHÜTZ, A.: Collected Papers II, Studies in Social Theory. The Hague, 91-105.

SCHÜTZ, A.
(1964b)

The Well-Informed Citizen. An Essay on the Social Distribution of Knowledge. In: SCHÜTZ, A.: Collected Papers II, Studies in Social Theory. The Hague, 121-134.

SCHÜTZ, A.
(1972)

Gesammelte Aufsätze II, Studien zur soziologischen Theorie. Den Haag.

SCHÜTZ, A.
(1974)

Der sinnhafte Aufbau der sozialen Welt. Eine Einleitung in die verstehende Soziologie. Frankfurt/M. (ursprünglich: Wien 1932).

SCHÜTZ, A./LUCKMANN, T.
(1979)

Strukturen der Lebenswelt. Band 1. Frankfurt/M.

SCHÜTZ, A./LUCKMANN, T.
(1984)

Strukturen der Lebenswelt. Band 2. Frankfurt/M.

SCHÜTZE, F.
(1976)

Zur soziologischen und linguistischen Analyse von Erzählungen. In: Internationales Jahrbuch für Wissens- und Religionssoziologie, Bd. 10, 7-41.

SCHÜTZE, F.
(1976a)

Zur Hervorlockung und Analyse von erzähl-thematisch relevanter Geschichten im Rahmen soziologischer Feldforschung. In: Arbeitsgruppe Bielefelder Soziologen (Hg.): Kommunikative Sozialforschung. München, 159-260.

SCHÜTZE, F.
(1977)

Die Technik des narrativen Interviews
in Interaktionsfeldstudien - dargestellt
an einem Projekt zur Erforschung von
kommunalen Machtstrukturen. Ms. 62 gez.
Seiten. Fakultät für Soziologie.
Bielefeld.

SCHÜTZE, F.
(1984)

Kognitive Figuren des autobiographischen
Stegreiferzählens. In: KOHLI, M./ROBERT,
G. (Hg.): Biographie und soziale Wirklichkeit, Neue Beiträge und Forschungs-
perspektiven. Stuttgart, 78-117.

SCHULERI, U.-K.
(1981)

Kommunale Ausländerarbeit. Ausländerpolitische und finanzielle Rahmenbedingungen.
In: Informationsdienst zur Ausländerarbeit, Heft 1, Frankfurt/M., 39-44.

SCHULERI-HARTJE, U.-K./
SCHULZ ZUR WIESCH, J.
(1982)

Beiträge zur Ausländerpolitik. Seminar-
bericht DIFU-Materialien, Heft 4.
Berlin.

SCHULZ, W.
(1976)

Die Konstruktion der Realität in den
Nachrichtenmedien. Freiburg.

SEGAL, M.
(1981)

Das Bild der Gastarbeiter in der Presse.
Eine inhaltsanalytische Untersuchung von
Printmedien in Salzburg und München.
Universität Salzburg, Dissertation an
der Philosophischen Fakultät, 850 gez.
Seiten.

SEGGAR, J.F./HAFEN, J./
HANNONEN-GLADDEN, H.
(1981)

Television's Portayals. Minorites and
Women in Drama and Comedy Drama 1971-
1980. In: Journal of Broadcasting 25,
278-288.

SEIDEL, G.
(1986)

The white discursive order: The British
New Right's discourse on cultural racism,
with particular reference to the
'Salisbury Review'. In: ZAVALA, I./
VAN DIJK, T.A./DIAZ-DIOCARETZ, M. (Eds.):
Ideology, Discourse, Literature.
Amsterdam.

SEITER, E.
(1986)

Stereotypes and the Media: A Re-evaluation.
In: Journal of Communication 36, 14-26

SINGLETARY, M.W./COWLING, M.
(1979)

Letters to the Editor of the Non-Daily
Press. In: Journalism Quarterly 56,
165-169.

SOEFFNER, H.G.
(1986)

Stil und Stilisierung, Punk oder die
Überhöhung des Alltags. In: GUMBRECHT,
H.U./PFEIFFER, K.L. (Hg.): Stil. Ge-
schichten und Funktionen eines kultur-
wissenschaftlichen Diskurselementes.
Frankfurt/M., 317-341.

STADT BIELEFELD -
STATISTISCHES AMT (Hg.)
(1977 und 1982)

Statistisches Jahrbuch der Stadt
Bielefeld.

STADT BIELEFELD -
STATISTISCHES AMT (Hg.)
(1983)

Bielefelder Statistik. Monatsbericht des
Statistischen Amtes der Stadt Bielefeld
Nr. 7-9, Juli/August/September.

STANG, H.
(1982)

Ausländerintegration in der kommunalen
Praxis. Köln.

STATISTISCHES BUNDESAMT (Hg.)
(1982)

Statistisches Jahrbuch für die Bundesrepublik Deutschland 1982. Wiesbaden.

STRASSNER, E.
(1982)

Fernsehnachrichten. Eine Produktions-,
Produkt- und Rezeptionsanalyse.
Tübingen.

SUNOO, D.H./TROTTER, E.P./
AAMES, R.L.
(1980)

Media Use and Learning of English By
Immigrants. In: Journalism Quarterly 57,
390-393.

TAYLOR, S.E./CROCKER, J.
(1981)

Schematic Nases of Social Information
Processing. In: HIGGINS, E.T./HERMAN,
C.P./ZANNA, M.P. (Eds.): Social
Cognition: The Ontario Symposion, Vol. 1,
89-134.

THRÄNHARDT, D.
(1986)

Die Selbstorganisation von Türken,
Griechen und Spaniern in der Bundesrepublik im Vergleich. In: THRÄNHARDT,
D. (Hg.): Ausländerpolitik und Ausländerintegration in Belgien, den Niederlanden
und der Bundesrepublik Deutschland.
Düsseldorf: Landeszentrale für Politische Bildung, 130-160.

TICHENOR, P.R./DONOHUE, G.A./
OLIEN, C.N.
(1980)

Community Conflict & the Press. Introduction by Peter CLARKE. Beverly Hills,
London.

TSIAKALOS, G.
(1983)

Ausländerfeindlichkeit. Tatsachen und
Erklärungsversuche. München.

TUCHMAN, G.
(1978)

Making News. A Study in Construction of
Reality. London, New York.

TULVING, E.   Elements of episodic memory.
(1983)   Oxford.

TSARDAKIS, D.   Die Rolle des Fernsehens im Soziali-
(1981)   sationsprozeß unter besonderer Berück-
                                     sichtigung griechischer Kinder.
                                     Frankfurt/M.

VERBAND INITIATIVGRUPPEN   Ausländerfeindlichkeit in der Bundes-
IN DER AUSLÄNDERARBEIT (Hg.)   republik Deutschland.
(1982)   Bonn.

VOLMERT, J.   Politischer Kommentar und Ideologie.
(1979)   Ein inhaltsanalytischer Versuch an
                                     vier frühen Nachkriegszeitungen.
                                     Stuttgart.

WAGNER, P.   Zur Problematik der Psychologisierung
(1985)   von Ausländerfeindlichkeit. In: Forum
                                     Kritische Psychologie 17, 134-147.

WAGNER, U.   Eine sozialpsychologische Analyse
(1983)   ethnischer Vorurteile. In:
                                     Migration 4, 5-30.

WATZLAWICK, P.   Bausteine ideologischer "Wirklichkei-
(1981)   ten". In: WATZLAWICK, P. (Hg.): Die er-
                                     fundene Wirklichkeit. Wie wissen wir,
                                     was wir zu wissen glauben? Beiträge zum
                                     Konstruktivismus. München, Zürich,
                                     192-228.

WATZLAWICK, P.   Wirklichkeitsanpassung oder angepaßte
(1985)   "Wirklichkeit"? Konstruktivismus und
                                     Psychotherapie. In: Einführung in den
                                     Konstruktivismus. München (=Schriften
                                     der Carl Friedrich von Siemens Stiftung,
                                     Bd. 10), 69-84.

WEINBERGER, M.G./ALLEN, C.T./   The Impact of Negative Network News. In:
DILLON, W.R.   Journalism Quarterly 61, 287-294.
(1984)

WEINGARTEN, E./SACK, F./   Ethnomethodologie. Beiträge zu einer
SCHENKEIN, J. (Hg.)   Soziologie des Alltagshandelns.
(1976)   Frankfurt/M.

WEISCHENBERG, S.   Diener des Systems. Wenn Journalisten
(1987)   den Politikern zu nahe kommen. in:
                                     Die Zeit Nr. 14 vom 27.3.1987, 13-17
                                     (Extra).

WIEDER, D.L./ZIMMERMANN, D.H.
(1976)

Regeln im Erklärungsprozeß. Wissen-
schaftliche und ethnowissenschaftliche
Soziologie. In: WEINGARTEN, E./SACK, F./
SCHENKEIN, J. (Hg.): Ethnomethodologie.
Beiträge zu einer Soziologie des All-
tagshandelns. Frankfurt/M., 105-129.

WILSON, C.C./GUITERREZ, F.
(1985)

Minorities and media.
Beverly Hills (Cal.)

WHITE, J.R.
(1979)

Playboy Blacks vs. Playboy Indians:
Differential Minority Stereotyping in
Magazine Cartoons. In: American Indian
Culture and Research Journal 3:2,
39-55.

WHITNEY, C.D./BECKER, L.B.
(1982)

'Keeping the Gates' For Gatekeepers:
The Effect of Wire News. In: Journalism
Quarterly 59, 60-65.

WOODALL, W.G.
(1986)

Information-Processing Theory and
Television News. In: ROBINSON, J.P./
LEVY, M.R. (Ed.): The Main Source.
Learning from Television. Beverly
Hills, London, New Delhi, 133-158.

ZIMMERMANN, D.H./POLLNER, M.
(1976)

Die Alltagswelt als Phänomen. In:
WEINGARTEN, E./SACK, F./SCHENKEIN, J.
(Hg.): Ethnomethodologie. Beiträge zu
einer Soziologie des Alltagshandelns.
Frankfurt/M., 64-104.

III. METHODISCHER ANHANG

9. CODIERBUCH

Version III   Februar 1984

mit Ergänzungen   Mai 1984

VAR	Code	Inhalt	Sp
1	1- nnn	NUMMER DES ARTIKELS	1-3
2	1-31	DATUM Tagesangabe	4-5
3	1-12	Monatsangabe	6-7
4	81-83	Jahresangabe	8-9
5		WOCHENTAG 1　Mo 2　Di 3　Mi 4　Do 5　Fr 6　Sa	1o
6		NAME DES ORGANS 1　Neue Westfälische 2　Westfalenblatt 3　Der Spiegel 4　Stern 5　Bunte Illustrierte 6　Quick	11
7		FARBLICHE ODER SONSTIGE HERVORHEBUNG bl　nein/entfällt 1　ja ermöglicht eine　formale Aussage über den Stellenwert, den das Organ dem Artikel zuordnet	12
8	1-9	ZAHL DER ABBILDUNGEN im/zum Artikel	13

VAR	Code	Inhalt	Sp
9		<u>INHALT</u> der Abbildungen Wer oder was erlangt durch optische Her- vorhebung <u>besondere</u> Aufmerksamkeit?	
	1	positive Darstellung von Inländern mit Ausländern (Interaktion)	
	2	negative Darstellung von Inländern mit Ausländern (Interaktion)	
	3	positive Darstellung von Ausländern	
	4	negative Darstellung von Ausländern	
	5	Graphik (abstrakt)	
	6	Symbole (Kunsthandwerk, Parolen...)	
	7	Karikatur	
	8	Darstellung von Inländern	
	9	Anderes	14
10		FLÄCHE DER ABBILDUNGEN (in cm^2)	15-17
11		FLÄCHE DER ÜBERSCHRIFT (in cm^2)	18-19
12		FLÄCHE DES ARTIKELS (in cm^2)	2o-22
13		Hat der Artikel eine Überschrift? Wenn "nein" weiter mit VAR 14 - <u>Gibt es WIDERSPRÜCHE</u> oder INKONGRUENZEN zwischen ARTIKEL und ÜBERSCHRIFT? -	
	bl	nein	
	1	ABSCHWÄCHUNG von Ängsten und Besorg- nissen ...	
	2	VERSTÄRKUNG von Ängsten und Besorgnissen im Vergleich zum Artikel	
	4	positive (+'weder noch')	
	5	negative	
	6	Ja, in der Überschrift wird schon eine BEWERTUNG/KOMMENTAR zu einer Information geliefert, die der Artikel enthält	
	7	Ja, in der Überschrift ist eine HANDLUNGS- ANWEISUNG sichtbar, die in der Information, die der Artikel selbst enthält, nicht vor- handen ist	23

VAR	Code	Inhalt	Sp
14		Welche <u>JOURNALISTISCHE FORM</u> liegt vor?	
	1	Agentur-Nachricht einer/mehrer Agenturen (dpa, ap...)	
	2	Organ-eigen	
	3	Mischform (Agentur + eigener Bericht)	
	4	Korrespondentenbericht	
	5	Reportage	
	6	Interview	
	7	Kommentar, Glosse, Leitartikel	
	8	<u>Leserbrief</u>	
	9	Anderes	24
15		An <u>WELCHER</u> Stelle steht der Artikel	
	bl	entfällt bei Illustrierten	
	1	Auf den ersten Seiten	
	2	Leitartikel	25
16		AKTUALITÄT 1 VON ALLTAGSORIENTIERUNGEN	
		<u>WERTENDE RELEVANZ</u>	
	1	Status quo	
	2	Bekräftigung, Bestätigung	
	3	positive Kritik, Ermunterung, Positives	
	4	Entwicklung zum "Guten", gute Nachricht	
	5	Kritik, Tadel, Streit, Strittiges	
	6	Entwicklung zum Schlechten	
	7	unerträglicher Zustand	
	8	Bedrohung, äußerst schlimme Entwicklung	
	bl	entfällt	26
17		AKTUALITÄT 2 VON ALLTAGSORIENTIERUNGEN	
		<u>BEZUGSGRUPPENRELEVANZ</u>	
	1	Nur für Einzelpersonen relevant	
	2	Für Personen AUSSERHALB der BRD relevant	
	3	Eine Minorität der Bevölkerung angehend (alle Ausländer, Studenten, Vermieter etc.)	
	4	Einen Teil (alle Mieter/alle Frauen etc.) angehend	
	5	Die Mehrheit der Bevölkerung angehend	
	bl	entfällt	27

VAR	Code	Inhalt	Sp
18		AKTUALITÄT 3 VON ALLTAGSORIENTIERUNGEN	
		INHALTLICHE RELEVANZ, EXISTENZ	
	Ø-9	Wie stark berührt das Ereignis - bezogen auf die gerade genannte Personengruppe - existenzmäßig die betroffenen Personen? "Neun" würde bedeuten "maximales Existenzproblem" etc... "Null würde bedeuten "gar kein Problem, völlig irrelevant" etc.	28
19		AKTUALITÄT 4 VON ALLTAGSORIENTIERUNGEN	
		SENSATION, HUMAN TOUCH, HUMAN INTEREST, NEUGIER	
	Ø-9	Welches menschliche Interesse (Neugier, Sensation, Mitgefühl) kann das Ereignis/ Hintergrund/Kontext für die in VAR definierten Bezugsgruppen beanspruchen? "Null"= minimales Interesse, Sensation etc. "Neun"= maximales Interesse, Sensation etc.	29
20		Kategorisierung von Inhalten, sofern der Artikel KEINEN ausländerthematischen Schwerpunkt hat:	
		ALLGEMEIN-Thematischer Schwerpunkt	
	bl	entfällt, da Ausländerthematik ---- WEITER MIT VAR 21 !!!	
	1	Politik allgemein	
	2	Wirtschafts- und Sozialpolitik	
	3	Recht und Rechtssprechung	
	4	Verkehr, Reise, Urlaub	
	5	Wirtschaft	
	6	Gesundheit	
	7	Kultur, Kunst und Wissenschaft	
	8	Kriminalität, Verbrechen	
	9	Anderes	3o
	ACHTUNG:	Nach Codierung 1-9 WEITER MIT VAR 35!!!	

VAR	Code	Inhalt	Sp

KATEGORISIERUNGEN VON INHALTEN

21   AUSLÄNDER- und ASYLANTENTHEMATISCHER
SCHWERPUNKT

- bl   entfällt (vgl. VAR 2o)
- 1   Politik
- 2   Integration und Assimilation
- 3   Recht und Rechtssprechung (ohne Kriminalität)
- 4   Migration und Remigration
- 5   Status/Partizipation, allg. Wirtschafts-situation
- 6   Gesundheit
- 7   Identität (kulturell, erzieherisch, sozial, religiös)
- 8   Kriminalität und Verbrechen
- 9   Anderes   31

'BEGRÜNDUNGEN':

22   AUF WELCHE 'DEUTSCHEN' RESSOURCEN WIRD
HAUPTSÄCHLICH VERWIESEN?

- bl   entfällt
- 1   Sozialprodukt (produktive Dimensionen)
- 2   Soziales Netz (re- und unproduktive Dimensionen)
- 3   Kollektiver Besitzstand (deutsche(s) Kultur, Volk...)
- 4   Kollektive Sicherheit und Ordnung (nicht: ökonomisch)
- 5   Arbeitsplätze (Verkaufbarkeit der 'Ware' A.K.)
- 6   geographische Fläche/Übervölkerung/Andrang
- 7   'Rassische' und 'Völkische' R. ('Überfremdung' etc.)
- 8   'Stabilität' des Systems allgemein
- 9   Anderes   32

23   Welche NATIONALITÄT haben die Ausländer?

- bl   nicht angegeben
- 1   Türkei
- 2   'Afrika'
- 3   Griechenland
- 4   Italien
- 5   Spanien und Portugal
- 6   Jugoslawien
- 7   'Asien'
- 8   Türkei und genannte Nationalitäten
- 9   Andere   33

VAR	Code	Inhalt	Sp
24		Welche <u>ALLGEMEINEN PERSÖNLICHKEITSMERKMALE</u> und <u>CHARAKTEREIGENSCHAFTEN</u> werden Auslän-dern/Asylanten <u>zugeschrieben?</u>	
	bl	entfällt	
	1	anpassungsfähig, anpassungswillig, aufgeschlossen	
	2	sparfreudig, anspruchslos, bescheiden	
	3	traditionsgebunden, heimatliebend, fami-liengebunden, gastfreundlich	
	4	lebensfroh, redegewandt, temperamentvoll, vital	
	5	konservativistisch, unzivilisiert, unge-bildet, vulgär	
	6	spartanisch, asketisch, armselig	
	7	anpassungsunfähig, anpassungsunwillig, apathisch	
	8	parasitär (u.a. 'subhumane' (metaphorische) 'Merkmale')	
	9	Anderes	34
25		Werden <u>PROBLEME der AUSLÄNDER/ASYLANTEN</u> angesprochen?	
	bl	keine/entfällt	
	1	Verhalten am Arbeitsplatz	
	2	Kontakt zu deutschen Behörden	
	3	Aufenthalts-, Arbeitserlaubnis, Ausländer-recht, Asylverfahren	
	4	Interaktion und Kommunikation (<u>nicht</u> insti-tutionalisiert)	
	5	Bildung, Erziehung	
	6	Arbeitslosigkeit	
	7	Wohnungssuche	
	8	Es gibt (doch gar) keine Probleme der A.	
	9	Anderes	35
26		Welche <u>'URSACHEN'</u> werden für die 'AUSLÄNDER/ASYLANTEN<u>PROBLEMATIK</u>' genannt?	
	bl	keine/entfällt	
	1	Entscheidungen von Institutionen (Handlungsträgern)	
	2	Motive <u>der</u> Deutschen	
	3	Motive <u>der</u> Ausländer	
	4	Behandlung der Ausländer (Diskriminierung)	
	5	Aktionen der Ausländer und Asylanten	
	6	Manipulation durch <u>Andere</u>	
	7	Wirtschaftskrise	
	8	Es gibt <u>gar keine</u> 'Ursachen'	
	9	Anderes	36

VAR	Code	Inhalt	Sp
27		Haben die in VAR 22 bis VAR 26 gekenn-zeichneten AUSSAGEN die Struktur von <u>ALLTAGSTHEORIEN?</u>	
		Ja, es liegt eine logische Verknüpfung zwischen einem Erklärungsbedürftigen, <u>nicht selbstverständlich geltendem</u> Sach-verhalt und einem deutenden Wissensbestand vor: Die Geltung geht <u>auf</u> den erklärungs-bedürftigen Sachverhalt über. Und zwar	
	1	<u>von</u> 'Inländern' (VAR 22) <u>auf</u> 'Ausländer' (VAR 23 - VAR 26)	
	2	<u>von</u> 'Ausländer' (VAR 23 - VAR 26) <u>auf</u> 'Inländer' (VAR 22)	
	3	<u>von</u> 'Ausländer' (VAR 23 - VAR 26) <u>auf</u> 'Ausländer' (VAR 23 - VAR 26)	
		<u>ACHTUNG!:</u> Die betreffenden VARIABLEN müssen bereits codiert sein, d.h. von VAR 22 bis VAR 26 müssen <u>minde-stens zwei</u> Ausprägungen vorhanden sein!!	
	4	Andere (hier nicht aufgeführte) Verknüpfungen	
	bl	NEIN, eine 'Alltagstheorie' ist nicht erkennbar.	37

<u>PERSPEKTIVEN</u>

VAR	Code	Inhalt	Sp
28		WELCHE <u>EIGENSCHAFT</u> wird <u>"AUSLÄNDERFEIND-LICHEN"</u> AUSSAGEN und BESTREBUNGEN 'ANDERER' ZUGEWIESEN?	
	bl	entfällt	
	1	alarmierend, verachtenswert	
	2	illegitim	
	3	bedauernswert	
	4	unvermeidlich, erwartbar	
	5	propagandistisch, 'geschürt', 'kontrolliert'	
	6	unbewußt, nicht beabsichtigt, 'repräsenta-tiv'	
	7	<u>gar nicht</u> "ausländerfeindlich"	
	8	mutig, selbstlos, wehrbereit	
	9	Anderes	38

VAR	Code	Inhalt	Sp
29		Welche <u>LÖSUNGSMÖGLICHKEITEN</u> der AUS-LÄNDER/ASYLANTEN<u>PROBLEMATIK</u> werden vorgeschlagen?	
	bl	entfällt	
	1	institutionelle Lösungen durch Politik und Recht	
	2	es gibt (doch) gar keine Probleme mit Ausländern	
	3	anderer Umgang mit Ausländern	
	4	Hilfe zur Rückkehr durch Anreize	
	5	'Begrenzung' des Ausländeranteils	
	6	Aktionen gegen Ausländer (Diskriminierung)	
	7	Es gibt gar keine 'Lösung'	
	8	Gewalt (Schänden, Lynchjustiz, ...)	
	9	Anderes	39
3Ø		<u>INTEGRATION:</u> <u>zeitlich</u>	
	1	Integration als vergangenes Problem (Geschichte, Verlauf abgeschl.)	
	2	Integration als gegenwärtiges Problem (Prozess, <u>aktuelle</u> Phase ...)	
	3	Integration als zukünftiges Problem (Folgen, Programm ...)	
	bl	entfällt	40
31		<u>INTEGRATION:</u> <u>sachlich</u>	
	1	... ist gut, positiv, wünschenswert	
	2	... ist richtig, vernünftig	
	3	... ist schlecht, negativ, unerwünscht	
	4	... ist falsch, unvernünftig	
	5	... kann es überhaupt nicht geben (explizit!)	
	bl	entfällt	41
32		<u>INTEGRATION:</u> <u>Statuspassage</u> (vgl. HOFFMANN/EVEN 1983)	
	1	... betrifft Inländer	
	2	... betrifft Inländer <u>und</u> Ausländer	
	3	... betrifft <u>nur</u> Ausländer	
	4	... betrifft 'ganz' bestimmte 'Handlungsträger'	
	bl	entfällt	42

VAR	Code	Inhalt	Sp
33		<u>INTEGRATION</u>: Identitätspassage (vgl. HOFFMANN/EVEN 1983)	
	1	... betrifft <u>uns Deutsche</u>	
	2	... betrifft uns Deutsche und die ('unsere') Ausländer(ischen) 'Mitbürger'	
	3	... betrifft nur <u>die</u> Ausländer	
	4	... betrifft ganz bestimmte 'Handlungs- träger'	
	bl	entfällt	43
34		Sind die (von VAR 29 bis VAR 33) codier- ten Aussagen zu <u>ALLTAGSTHEORIEN</u> verknüpft JA,	
	1	<u>von</u> Lösungsmöglichkeit/Integration (VAR 29 bis VAR 31) <u>auf Statuspassage</u> (VAR 32)	
	2	<u>von</u> anderen Variablen <u>auf Status</u>passage (VAR 32) <u>ACHTUNG:</u> beide VARIABLEN(-gruppen) der Code 3-7 jeweiligen Verknüpfung müssen zuvor schon einzeln codiert worden sein. Ist dies nicht der Fall, so NEIN (bl)	
	3	<u>von</u> Lösungsmöglichkeit/Integration (VAR 29 bis VAR 31)<u>auf Identitätspassage</u> (VAR 33)	
	4	<u>von anderen Variablen auf Identitätspassage</u> (VAR 33) <u>ACHTUNG:</u> beide VARIABLEN(-gruppen) der Code 3-7 jeweiligen Verknüpfung müssen zuvor schon einzeln codiert worden sein. Ist dies nicht der Fall, so NEIN (bl)	
	5	<u>von Status</u> (VAR 32) auf andere Variablen: <u>ACHTUNG:</u> beide VARIABLEN(-gruppen) der Code 3-7 jeweiligen Verknüpfung müssen zuvor schon einzeln codiert worden sein. Ist dies nicht der Fall, so NEIN (bl)	
	6	<u>von Ident.</u> (VAR 33) auf andere Variablen: <u>ACHTUNG:</u> beide VARIABLEN(-gruppen) der Code 3-7 jeweiligen Verknüpfung müssen zuvor schon einzeln codiert worden sein. Ist dies nicht der Fall, so NEIN (bl)	
	7	andere hier nicht aufgeführte Verknüpfun- gen	
	bl	entfällt	44

VAR	Code	Inhalt	Sp

35   WELCHE AKTEURE/HANDLUNGSTRÄGER werden
genannt?

36   (ITEM 1)

<u>Legislative</u>:

Code	Inhalt
01	Bundespräsident
02	Bundestag
03	Regierungspartei/en
04	Opposition
05	Länder der BRD in toto
06	Landtag
07	'Kommune'

<u>Exekutive</u>:

Code	Inhalt
08	Bundesregierung
09	Bundeskanzler
10	Regierungschef der Länder
11	Bundesminister
12	Ausländerbeauftragte(r)
13	Landesminister
14	nachgeordnete Bundesbehörde
15	nachgeordnete Landesbehörde
16	Kommunaler Spitzenverband (Dt. Städtetag)
17	Kommunalbehörde/ Stadtdirektor
18	Bundesanstalt für Arbeit/ nachgeordnete Ämter

<u>Judikative</u>:

Code	Inhalt
19	Verfassungsgericht
20	sonstige Judikative

<u>Parteien</u>:

Code	Inhalt
21	SPD
22	JUSO
23	Brandt
24	Schmidt
25	Vogel
26	Schmude
27	Schnoor
28	Donnep
29	Rau
30	Bielefelder SPD-Politiker
31	alle anderen SPD-Politiker

VAR	Code	Inhalt	Sp
	32	CDU	
	33	JU	
	34	Kohl	
	35	Carstens	
	36	Dregger	
	37	Biedenkopf	
	38	Bielefelder CDU-Politiker	
	39	alle anderen CDU-Politiker	
	40	CSU	
	41	Strauß	
	42	Zimmermann	
	43	Tandler	
	44	andere CSU-Politiker	
	45	GRÜNE (Partei)	
	46	Grüne Politiker	
	47	BUNTE LISTE (Bielefeld)	
	48	FDP	
	49	Genscher	
	50	Lambsdorff	
	51	Baum	
	52	Funcke	
	53	Bielefelder FDP-Prominenz	
	54	alle anderen FDP-Politiker	
	55	SPD/FDP	
	56	CDU/CSU	
	57	CDU/CSU/FDP	
	58	SPD/GRÜNE	
	59	NPD	
	60	NPD-Vorfeldorganisation/ Neo-Nazis ...	
		'Interessenverbände':	
	61	Kath. Kirche	
	62	Ev. Kirche	
	63	Gewerkschaften	
	64	Wohlfahrtsverbände (DPWV, AW, Caritas, IM, DRK ...)	
	65	Ausländerorganisation, A-Verband	
	66	Unternehmen, Konzern	
	67	Arbeitgeberverband	
	68	Sonstige Verbände	

VAR	Code	Inhalt	Sp
		Initiativen	
	69	ausländerunterstützend	
	70	'gegen' ... Ausländer	
		Sonstige/ Individuen/ personale Systeme/ öffentliche Meinung	
	71	Idole und Stars	
	72	Wissenschaftler und Experten	
	73	sonstige Prominenz	
	74	Personen im Zusammenhang mit einer bestimmten Situation (z.B.: Täter, Opfer, Augenzeuge)	
	75	Kleiner Mann/ Frau, Mann aus dem Volk	
	76	Der Autor (von Leserbriefen) ("Ich")	
	77	Das deutsche Volk/ DIE Deutschen	
	78	DIE Politiker/ DIE Verantwortlichen, "unsere" Politiker	
	79	DIE Ausländer/ Asylanten	
	80	namentlich genannter/ bestimmter Ausländer	
	81	Öffentlichkeit: diffus: 'man', 'die', 'sie' ...	
	82	Öffentlichkeit: konkret/ Teilöffentlichkeit	
	83	Zeitung selbst	
	84	Redakteur	
	85	andere Zeitung	
	86	anderer Kommunikator	
	87	Europäische Organisation	
	88	Weltorganisation	
	89	anderer Staat	
		2-fach Nennung!	(45 - 48)
37		Erfolgt eine BEWERTUNG des HANDLUNGS-TRÄGERS (nur VAR 35)	
		Wenn "NEIN", weiter mit VAR 40	
		WER Bewertet den Handlungsträger?	
	CODE =	'ITEM 1'	
			49 - 50

VAR	Code	Inhalt	Sp
38		FORMULIERUNG der BEWERTUNG,	
		die überwiegend positiv oder (und) "ausgeglichen" ist:	
	1	Verwendung von Superlativen	
	2	Akklamation, Beifall, Zustimmung	
	3	Verweis auf normengerechtes Verhalten	
	4	Anerkennung allgemeiner Werte etc.	
	5	Assoziationen zu anderen positiven Eigenschaften/ Objekten, positives Stereotyp	
	6	Rhetorische Frage	
	7	Vergleich mit anderen Personen/ Situationen	
	8	Deutliches Lob	
	9	Anderes, kann man nicht so genau sagen	
	bl	Entfällt, weiter mit VAR 39	51
39		FORMULIERUNG der BEWERTUNG,	
		die überwiegend negativ ist:	
	bl	entfällt, da VAR 38 codiert	
	1	Verwendung von Superlativen	
	2	Vorhaltungen, Kritik	
	3	nicht normengerechtes Verhalten	
	4	Verletzung von Werten	
	5	Assoziation zu anderen negativen Eigenschaften/ Objekten/ negativen Stereotypen	
	6	Generalisierungen (wer das macht ...)	
	7	Vergleich mit anderen Personen/ Situationen	
	8	Deutliche Beschimpfung	
	9	Anderes, kann man nicht so genau sagen	52
40		HANDLUNGSANWEISUNG	
		Jetzt wird die WICHTIGSTE HANDLUNGS-ANWEISUNG codiert:	
		WER trifft die Handlungsanweisungen?	
	ITEM 1:	Handlungsanweiser	53 - 54

VAR	Code	Inhalt	Sp
41		Welche <u>FORM</u> hat die Handlungsanweisung?	
	1	anonyme Empfehlung, im eigenen Namen, Ratschlag	
	2	Empfehlung, Ratschlag von Organisation	
	3	Empfehlung, Ratschlag im Namen einer Teilöffentlichkeit	
	4	Empfehlung, Ratschlag im Namen der Öffentlichkeit	
	5	Forderung im eigenen Namen	
	6	Forderung im Namen einer Person	
	7	Forderung im Namen einer Organisation	
	8	Forderung im Namen einer Teilöffentlichkeit	
	9	Forderung im Namen der Öffentlichkeit	
			55
42		WER wird zum <u>HANDELN</u> aufgefordert?	
		ITEM 1 : Aufgeforderter der Handlungsanweisung	
			56 – 57

VAR	Code	Inhalt	Sp
		PROGNOSEN	
		Werden im Artikel PROGNOSEN aufgestellt oder wird von ihnen berichtet?	
		Wenn "NEIN" weiter mit VAR 46	
43		<u>WAS</u> wird prognostiziert (SACHLICH)?	
	1	Bevölkerungsentwicklung	
	2	wirtschaftliche Entwicklung	
	3	Entscheidungen wirtschaftlicher Instanzen	
	4	politische Entwicklung	
	5	Verhalten der Bevölkerung	
	6	Abnahme der Ausländerfeindlichkeit	
	7	Zunahme der Ausländerfeindlichkeit	
	8	Das "Ende" "Deutschlands"	
	9	Anderes	
			58
44		WER stellt die Prognose auf?	
		ITEM 1 : Autor der Prognose	59 - 60
45		Über WEN wird prognostiziert?	
		ITEM 1 : Objekt der Prognose	61 - 62

VAR	Code	Inhalt	Sp
46		<u>GEFAHR</u> im Zusammenhang mit (Handeln der AUSLÄNDER (K: Der Begriff der Gefahr muß nicht als solcher im Artikel fallen, es können auch Umschreibungen (Krise, Katastrophe, Überflutung mit A. etc.) benutzt werden. <u>WICHTIG</u> ist jedoch, daß eine solche Gefahr im Zusammenhang mit (möglichem Handeln der) Ausländern gesehen werden muß, daß also Gefahr in BEDINGUNG zu Ausländern ist, entsteht, zunimmt, abnimmt etc. Die Logik solcher Sätze dürfte daher normalerweise der Form eines Bedingungssatzes entsprechen: WENN (nicht) ... DANN (nicht) (Gefahr) ...)	
	bl	nein	
		<u>Es wird gesagt:</u>	
	1	Eine Gefahr ist vorbei	
	2	Es bestand eine Gefahr	
	3	Eine Gefahr nimmt ab	
	4	Es besteht eine Gefahr	
	5	Es könnte eine Gefahr entstehen oder zunehmen	
	6	Eine Gefahr gibt es (gar) NICHT	
			63

VAR	Code	Inhalt	Sp

---

47   Ø-9   <u>AKTUALITÄT 5 VON ALLTAGSORIENTIERUNGEN</u>

<u>ÜBERRASCHUNGSWERT</u> (Numerische Über-
raschung)

Max. | 9 |

| 8 |

| 7 |

| 6 |

| 5 |

| 4 |

| 3 |

| 2 |

| 1 |

Min. | Ø |

Wenn man den Überraschungswert des berichteten Ereignisses (der Handlung)
anhand dieser Leiter einschätzen sollte,
wo müßte man ihn dann einordnen?
Eine "Null" würde bedeuten "gar keine"
Überraschung, eine "Neun" würde bedeuten "maximale" Überraschung.

Wo müßte man (das dem Artikel zugrunde
liegende Ereignis) also einstufen?

(Rang-)Zahl .... (Ø - 9)

64

---

48   <u>AKTUALITÄT 6 VON ALLTAGSORIENTIERUNGEN</u>

<u>ERWARTBARKEIT</u>

Das berichtete Ereignis ist

5   Sehr unwahrscheinlich d.h. völlig unvorher-
sehbar: z.B.: Unglück einer Ausländer-
familie, Mord eines Türken ... sofern darüber zum <u>Ersten</u> Male berichtet wurde; auch
Lottogewinn eines Jugoslawen oder Krankheit
eines Ausländers)

4   Unwahrscheinlich: nicht vorhersehbar; aber
mit gewisser Plausibilität zu erwarten:
(z.B.: Gerichtsverfahren zu einem Gewalt-
verbrechen, (bei dem das WO, WER, WANN (5)
interessieren würde), wissenschaftliche
Entdeckungen (aber ohne (historische)
Sozialstatistik), Kuriosa, Drillingsgeburt
einer Türkin)

VAR	Code	Inhalt	Sp
	3	Kaum erwartbar i.S. der unwahrscheinli-cheren Alternative eines erwartbaren Ereignisses. Unwahrscheinlichen Alternativen sind alle jene Ereignisse, deren mögliche Ausgänge bekannt (erwartbar) sind, die jedoch der jeweils vorhandenen Erwartung (Porgnose, Annahme, Hoffnung) nicht entsprechen (z.B. "Die Rückkehrhilfe wurde nicht von allen Türken in Anspruch genommen")	
	2	Erwartbar (z.B.: das größte Ausländerfest fand regen Beifall (obwohl es auch hätte anders kommen können); "Die Nichtbestätigung des türkischen Kandidaten wurde gemeinhin erwartet. Seine Ablehnung durch den Wahlleiter überraschte die Ausländerinitiative also nicht"	
	1	Völlig sicher (z.B. Maikundgebung, Silvesteransprache, erster Schultag der Türkenkinder usw.	
	Ø	entfällt (z.B. alle statistischen Angaben)	
			65